論理の基礎と活用

知識成長・問題解決・論述文読み書きのために

内田　詔夫
Norio Uchida

北樹出版

まえがき

　本書は、大学や看護学校等で論理学を学ぶ人や、日常生活や職業生活において論理を活用できるようになりたいと願う一般の読者を主たる読者と想定して、論理の意義や仕組み、使い方をできるだけだれでも理解できるような日常的な事例に即して説明するとともに、若干のトレーニングを行うことによって、論理の基礎を知り、自ら活用できる力を養うことを目指したものです。そのために、学問としての論理学の重要な知見を可能なかぎり取り入れながらも、むしろ普通の人の思考の改善や実生活での活用のために必要と思われる事柄をわかりやすく提示することに重点を置きました。本書全体を通じて特に伝えたかったこと、理解してほしかったことは、おおよそ次のようなことです。

・広い意味での論理は、だれでも毎日使っているし使わざるをえないこと
・しかし、日常の論理には省略があったり厳密さを欠くために、問題が発生する場合があること
・それゆえ、普遍的に通用する「厳密な論理」の意義やあり方の理解が大切であること
・論理力を高めるために、「妥当な推論」の多様なパターンを知り当否を自ら的確に判定するトレーニングが大切であること
・「厳密な推論」と「推測的思考」、および「演繹」と「帰納」、それぞれの特徴や長短をきちんと理解し場合に応じて使い分けることが大切であること
・知識成長や改善のために論理が重要な役割を果たすこと、およびその具体的な活用の仕方

・問題解決のために論理が重要な役割を果たすこと、およびその具体的な活用の仕方
・論述文読み書きのために論理が重要な役割を果たすこと、およびその具体的な活用の仕方

　特に高度な論理を必要とする人は別にして、普通の社会人や学生にまず求められる「論理力」とは、こうした事柄をきちんと理解し、実際に活用できることではないかと思います（大学や専門学校での授業の経験からすると、こうしたことをきちんと自覚し実践している人は実際にはきわめて少数にとどまるように思われます）。ですから本書では、論理の意義や基礎を理解し納得したうえで実際にも活用できる力を養えるように、できるだけ日常的な具体例に即して基礎を解説するとともに、基礎的な論理力を鍛えるためのトレーニング、および論述文読み書きのためのトレーニングを用意しました。トレーニングは不要だが、とりあえず論理というもの、およびその効用や使い方について概観し見当をつけたいという読者は、「トレーニング」の箇所（4、5、6および11、12）は飛ばして読んでくださっても結構です。しかし、もう少しきちんと論理力を身につけたいと願う読者は、あるいは「論理学」の授業のテキストとして利用される場合には、必要に応じて「トレーニング」の箇所を利用していただければ幸いです。
　論理の重要性はだれも否定しないものの、論理に対する関心や評価、あるいは論理的なセンスや能力は、人によって大きく異なるというのが私の実感です。だれにでも理解できるように説明する一方で「つまらなさ」や「退屈さ」を感じさせないように授業を展開したり、試験において全員が何とか合格点をとれるように配慮しながら一方で満点が続出しないような問題を考えることは非常に困難な課題です。できれば共通に読んでほしい、あるいは学んでほしい部分と「トレーニング」の部分を分けたのにはこうした事情もありますので、自分の関心や力に応じて、あるいは学生集団の目的や関心に応じて、「トレー

ニング」の部分は適宜取捨選択していただければ幸いです（私自身は、大学の授業では「記号論理の基礎」を取り入れて「論述文読み書きトレーニング」を省略し、看護学校ではその逆、というような使い方を想定しています）。また逆に、論理に対する関心やセンスが高くて本文の大まかな説明だけでは疑問や物足りなさを感じるという読者もいると思われますので、予想される疑問や関心にもある程度応えられるように、若干の「注」、および「参考」項目も付しておきました。これも必要に応じて利用していただければ幸いです。

Contents

まえがき …………………………………………………… 3

1 主張相互の関係 ………………………………………… 11
　1 主観的な関係と客観的な関係　11
　2 日常の論理　13
　3 論理の効用　14
　4 自覚的な考察の必要性　16

2 暗黙の前提 ……………………………………………… 18
　1 推論としての吟味　18
　2 暗黙の前提　19
　3 「常識（原理）」が違えば結論も違う　21
　4 普遍的原理の役割　24

3 妥当な推論 ……………………………………………… 26
　1 似たような推論？　26
　2 例外はありえないか　27
　3 共通の構造　28
　4 肯定式と否定式　29

4 「ならば」と「または」──論理力トレーニングⅠ── ………… 33
　1 仮言三段論法　34
　2 「ならば」の用法　35
　3 選言三段論法　35
　4 「または」の用法　37
　5 両刀論法（ディレンマ）　37

5 「すべて」と「ある」──論理力トレーニングⅡ── ……… 41
  1 4つの異なる命題　41
  2 はっきりいえることは何か　43
  3 「矛盾」ということ　46

6 妥当性の証明──論理力トレーニングⅢ── ……… 49
  1 定言三段論法　49
  2 第3の概念　50
  3 ベン図　51
  4 ベン図による証明　55
  5 結論が読み取れるか　56

 （参考）概念相互の関係 ……………………………… 61

7 推論と推測、演繹と帰納 ……………………………… 63
  1 推測的思考　63
  2 枚挙的帰納　64
  3 類推　65
  4 アブダクション　66
  5 演繹と帰納　67

8 知識成長・改善と論理 ………………………………… 73
  1 法則や理論の役割　73
  2 法則や理論の仮説的性格　74
  3 仮説の確証と反証　75
  4 誤りから学ぶ　76
  5 科学における具体例　78
  6 普遍と特殊、理論と事実との循環　79

 （参考）科学は確実か ………………………………… 82

9　問題解決と論理 ……………………………………… 86
　　1 普遍と特殊、理論と事実との関連づけ　86
　　2 説明・予測・応用　87
　　3 ロジカル・シンキング　90
　　4 フレームワーク　92
　　5 ロジック・ツリー　92
　　6 MECE　93
　　7 ピラミッド・ストラクチャー　94

　（参考）「普遍的原理」の多様性 …………………………… 96

10　論述文と論理 ………………………………………… 103
　　1 論述文の不可欠の要素　103
　　2 論述文と推論との共通性　105
　　3 論述文読み書きのポイント　106

11　論述文読み書きトレーニング ……………………… 111
　　1 トレーニングⅠ　111
　　2 トレーニングⅡ　115

12　記号論理の基礎──論理力トレーニングⅣ── ……… 126
　　1 単純命題と複合命題　126
　　2 若干の補足説明　128
　　3 真理表による分析　130
　　4 「～（a・～b）」と「a→b」は等値　131
　　5 他の例題　132
　　6 命題形式の３つのタイプ　134
　　7 恒真式は論理法則　136
　　8 推論の妥当性の証明　138

　あとがき ………………………………………………………… 141

論理の基礎と活用
　　──知識成長・問題解決・論述文読み書きのために

 # 主張相互の関係

 論理とは何か、何の役に立つのか

　論理とはいったい何なのでしょうか。またそれはなぜ大切なのでしょうか。普通の人の日常生活や職業生活とはどのように関わるのでしょうか。最初に、こんなことから考えてみましょう。

 1　主観的な関係と客観的な関係

　「論理」ということばはよく使われますが、改めて「論理とは何か」と問われると説明しにくいことばです。辞書や概説書では、「思考や議論などを進めていく筋道」、「思考の妥当性が保証される法則や形式」、あるいは「ことばが相互にもっている関連性」などと説明されることがありますが、これだけでは抽象的でわかりにくいと思います。そこでまず、日常生活のなかで「論理的である」とか「論理的でない」と評価されそうな具体例を検討することによっておおざっぱな見当をつけてみましょう。

　例えば、「あなたはなぜ、彼女は一人っ子ではないと主張するのですか」という質問に対して、「彼女は妹がいると言っていたからです」と答えるならば、相手は納得してくれるでしょう。また、「彼は今日の福島での会合に出席するのだろうか」という問いに対して、「彼は明日までの予定で東京に出張中です。だから、今日の福島での会合には出席しないと思います」と答えた場合も同

様です。これらの場合、「妹がいる」ことと「一人っ子ではない」こと、また、「明日までの予定で東京に出張している」ことと「今日の福島での会合には出席しない」ことの間には、前者が後者を裏づけ、ないし根拠づけるような関係があり、前者の情報が正しいとすればだれでも自然に後者のような判断ができると考えられるからです。これに対して、「あなたはなぜ、Ｓチームが優勝すると主張するのですか」という質問に対して、「私はＳチームのファンだからです」と答えたとすると、相手はあなたのひいきチームを知ることはできますが、「Ｓチームが優勝する」という主張を納得して受け入れてはくれないでしょう。相手は別のチームが優勝することを期待しているかもしれませんし、そもそも「だれかがあるチームのファンだ」ということは「そのチームが優勝する」こととは無関係だからです。また、あなたが「今度の日曜日はきっと雨が降る」といって「なぜそう思うのですか」と尋ねられた場合に、「私が旅行に行く日にはいつも雨が降るからです」と答えた場合も同様です。

　このように、いろいろな主張や判断の間には、一方が他方を根拠づけ保証するような関係がある場合とそうでない場合があります。そして、一方が他方を根拠づけるような関係がある場合には、第１の情報を入手することによって自ら第２の事柄についての判断を下すことができ、いろいろな形で活用できます。これに対して関係がなかったり不明の場合、あるいは（個人的な願望や思い込みに基づく）だれかの主観的な関係づけにすぎないと思われる場合には、第１の事柄についての情報を入手したとしても第２の事柄については何ら有効な判断ができず活用できません。こうしたことからも、いろいろな主張や判断の相互関係というものの重要性が理解できると思います。「論理的」ということばはたいてい、このように、思考や議論や論述において一連の主張・判断等が適切に関係づけられていてその趣旨がわかりやすいこと、特にある主張や判断とその根拠とされる情報や判断とのあいだに**客観的な関係があって主張や判断に説得力がある**ことを評価することばとして用いられます。したがって、「論理」とは思考や議論や論述における「**主張・判断相互の（そしてその土台となることば相互の）客観的な関**

連性」のことだと考えるとわかりやすいでしょう。

2 日常の論理

　さて、「主張同士の客観的な関連性」といっても実は多様なケースがあるのですが、それはともかくとして、普通の人の日常生活や職業生活においても、簡単な論理ならだれでも毎日いろいろな形で使っているはずですし使わなければ生きていけません。ここではまず、日常生活の場面で出てきそうないくつかの例によってそのことを確かめてみましょう。

(1) 信号が赤に変わった
　　→だから、あの車はまもなく停止するはずだ
(2) あさっては日曜日だ
　　→だから、あさっては学校は休みだ
(3) 彼は福島10時発の新幹線に乗った
　　→だから、彼は10時半までには仙台に到着するはずだ
(4) 彼は福島駅前10時発の高速バスに乗った
　　→だから、彼は10時半までに仙台に到着することはできない
(5) ツーアウト満塁で打者のカウントは「3ボール2ストライク」だ
　　→だから、投球と同時に走者は一斉にスタートする
(6) 彼女は先ほどハートの札をもっていれば出すべき場面で出さなかった
　　→だから、彼女はいまハートの札をもっていないはずだ
(7) 四辺形ABCDは平行四辺形だ
　　→だから、辺ABは向かい合う辺（対辺）DCと等しい
(8) この物質の比重は4.2だ
　　→だから、この物質を水のなかに入れれば沈む

(9) 路面が凍結している
　　→だから、昨晩は氷点下まで冷え込んだはずだ
(10) この場所で縄文時代の土器が大量に発掘された
　　→だから、この辺に縄文時代の集落が存在したはずだ

　これらはいずれも、矢印の前の情報や確認に基づいて矢印の後の判断や主張を行ったものと考えてください。だれでもこれに類する思考は行ったことがあるとか行われそうだということは認めていただけるかと思います。できれば、その思考はどのような状況の下で何のために行われたのかも考えてみてください。なかには、あまりなじみのない話題のために、背景や思考の趣旨が理解できなかったというものもあったかもしれませんが、それはそれでかまいません。状況によってはだれでもこんなふうに考えることがありそうだと思っていただければ、とりあえず例題としての役目は果たせたことになります。

　さて、これらの例ではいずれも、**矢印の後の判断や主張は矢印の前の情報や確認を根拠とする形で述べられることによって、説得力が与えられています**。もし前段の情報や確認が何もないままいきなり後段の主張だけを行ったとしたら、あまりにも唐突な主張として、すぐには納得や同意をしてもらえないことがわかると思います。そうしてみると、これらの事例においては、ごく簡単ではあるけれども確かに情報や判断相互の関係を利用した一種の論理的思考が行われているといえるわけです。

❸ 論理の効用

　では、論理的思考はいったい何のために行われ何の役に立つのでしょうか。これらの例に即して改めて考えてみましょう。すると、このような思考の結果として、「辺ABとDCが等しいこと」、「昨晩の気温」、「この場所の縄文時代の様子」などについての新たな知識を得たり、「自分はあさってのイベントに

参加できるのか」、「次に行うべき最善のプレイは何か」などの問題に対して有力な解決策を得たり、「あの車はまもなく停止する」とか「彼は10時半までには仙台に到着する」とか「この物質を水のなかに入れれば沈む」のように、未来の、あるいは仮定上の出来事について一定の見通しを得たりできることがわかります。

　こうした考察からもわかるように、論理的思考は新たな知識を獲得したり未来について一定の見通しをもったり直面する問題に対して適切な解決策を模索したりするさいに重要な役割を果たすことができます。**なぜなら、こうした課題に応えるためには、既知の多くの知識や情報、あるいは仮定や目標と、そこから導かれる帰結、あるいはそれを実現するための手段などという「未知の事柄」とを関係づけて総合的に考えることが必要になりますが、そうした思考の妥当性を保証するのがまさにそれらの「主張や判断相互の関連性」としての論理だからです**[1]。

---

(1)　「論理」は英語では logic（ロジック）ですが、logic の語源であるギリシア語の logos（ロゴス）は「ことば」、「理性」、「論理」など人間の知的活動全般に関わるような幅広い意味をもったことばです。アリストテレスは人間を「ロゴス的動物」と定義しましたが、現在でも一般に、人間を他の動物から区別する最も重要な特徴は「ことばをもつこと」であるとされています。動物も「感覚」によって外界についての情報を獲得することができますが、感覚は、「いま、ここに、実在する、この特定の事物や性質（例えば、自分の目の前にあり触れたりかじったりできる赤くて甘いリンゴ）」に関しての直接的で具体的な情報をもたらし、その場での一定の反応を引き起こすだけです。これに対して、ことばは、同じ名前（例えば「リンゴ」）で呼ばれる対象すべてに共通する意味を伝えイメージを喚起することによって、間接的ながら「過去、未来、遠方、仮定上の存在など、直接感覚できない、あるいは実在しない事物（例えば、品種改良によって作り出されるかもしれないもっと大きくて甘いリンゴ）を含むあらゆる対象」についての、多様な観点からの時間にとらわれない自由な思考を可能にします。こうした「ことば」の使用によって物事を多面的に考察でき操作できるようになった人間だけが、文明を築き上げ時代とともに進歩できるようになったわけです。こうしたことを考えてみただけでも、ことばを用いて論理的に考えることの意義、そして感覚で捉えることのできる「いま、ここの現実」だけでなく、「過去・未来・遠方・仮定等を含むある種の非現実」についても考えうること、知りうることの意味や重要性が実感できることと思います。

3　論理の効用　15

また、多数の事実や理論を関連づけ主張や判断を連ねて自分の考えを述べる「論述文」の作成においてもこうした論理的思考が重要な役割を果たすことはいうまでもありません。論述文においては、一連の文が提示する情報・主張・判断等の関係がわかりやすく適切に連ねられていなければ決して説得力が得られないからです。このように、知識獲得・問題解決・論述文作成というような、日常生活においてであろうと職業生活においてであろうとだれもが毎日何らかの形で関わらざるをえない活動において論理的思考が不可欠だということは、論理の基礎を知り適切な活用を図ることがだれにとっても逃れることのできない切実な課題であることを示すものです。また、このことを裏からいえば、論理を知らなかったり論理を無視して誤った思考を行っていれば、未来や未知の事柄について新たな知識を獲得したり適切な判断を下すことができないだけでなく、いろいろな面で不必要な不利益や危険を招きかねないことになるともいえます。上記の事例に即して考えてみただけでも、ゲームに負けたり、学習や生活上の不便、不利益、支障が生じたりするだけでなく、場合によっては生命の危険にさえさらされかねないということが容易にわかると思います。

❹ 自覚的な考察の必要性

　このように、論理的思考というものは人間の生活において不可欠であるとともに日常的にもありふれたものですから、普通のおとなであれば、特に意識的に学習しなくとも、だれでもある程度まではそのルールを知っているし、それに従った思考をしているはずだといえます。つまり、ことばを用いて思考やコミュニケーションにある程度成功しているということは、それだけで一定の「論理力」をもっていることの証明だと自信をもってもいいわけです。しかし、論理とは目や耳などの感覚で捉えられるものではないだけに、やや複雑な思考になると、やはり十分に意識を集中して慎重に考えてみないと理解できなかったり、うまく使えずに間違ってしまう場合も少なくありません。また、親しい

仲間だけを相手にした会話など普段の日常生活レベルでは支障がなくても、厳密にいえば欠陥があり、そのために仲間以外、特に文化や背景知識等の異なる相手に対しては自分の主張が理解してもらえなかったり、むしろ誤解を招いてしまうという場合もあります。ですからやはり、論理というものを自覚的に考察の対象として、正しい思考展開（推論）のパターンの発見や確認（証明）をしたり具体的問題に即した活用にさいして留意すべき事柄を研究する専門的な学問としての論理学が、またそれについて学ぶことが必要になるわけです。この本ではこれから、こうした論理学の知見などに基づきながら、できるだけ普通の人の日常生活や職業生活に即した形で、論理の基礎と活用について考えていきたいと思います。

《1の要点》
○論理とは主張相互の、特にある主張とその根拠との客観的な関連性のことである
○だれでも日常生活・職業生活のなかで論理を使っているし使わざるをえない
○知識成長・問題解決・論述文読み書きのためにも論理の活用が不可欠である

【問　題】
上記の例を参考にして、日常の生活や学習の場面において、（自覚の有無は別として）論理的思考を行っているといえる事例を3つ挙げなさい

4　自覚的な考察の必要性

 **暗黙の前提**

➡ 「常識」に依存していないか

推論としての吟味

　前述したように、論理的であるとは、おおざっぱにいえば根拠とされる情報や主張から別の主張や判断を導く思考展開に客観性・必然性があることですが、その意味では確かに、先に例示したような思考も論理的思考といえます。しかしそれでは、そうした**日常の論理はそのままで問題がない**のでしょうか。実際にはこれらの事例でも、取り上げた話題に関する基礎知識がなかったり、状況がうまくイメージできなかったりして、すぐにはその思考展開を理解できなかったというケースもあるのではないでしょうか。このように、根拠となる情報とそこから引き出された主張とのあいだに確かに一定の関連性があるにしても、明示された根拠や背景説明が不十分な場合には、本当にいいたいことを相手に理解してもらえなかったり、むしろ誤解を与えてしまう危険性もあります。そこでここでは、日常の論理の問題点を明らかにするために、こうした思考展開を論理学でいう「推論」として吟味してみることにしましょう。
　論理学では、文の形で表現され（いますぐではないにしても）何らかの方法で真または偽と判定できる個々の主張や判断を「命題」、いくつかの命題を根拠として他の命題を導出することを「推論」、根拠として用いられる命題を「前提」、導き出された命題を「結論」と呼びます。また、個々の命題の主張内容が正しいことを「真」

（正しくないことは「偽」）、推論（すなわち思考展開のあり方）が正しいことを「妥当」（正しくないことは「非妥当」）と呼びます。そして、推論が妥当であるとは、その前提（仮にAで表すことにします）から結論（仮にBで表すことにします）が必然的に導出できるということであり、前提（A）が真なら結論（B）も必ず真になるということです。ですから、別な言い方をすれば、妥当な推論とは結論（B）の主張内容が潜在的にもせよ前提（A）のなかに既に含まれている推論だということになります。これは、数学的知識の「確実さ」の意味や人間の知識のあり方を考えるさいに重要な示唆を与える大切な事実なのですが、ここでは深く考えないことにします。それはともかくとして、以上のことから、ある推論が妥当かどうかを吟味するためには、前提（A）が真であって結論（B）が偽である可能性があるかないか、を検討してみればよいということがわかります。

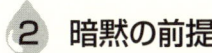 暗黙の前提

　以上の準備をしたうえで、ふたたび、前に挙げたいくつかの例に即して検討してみましょう。

(1) あさっては日曜日だ
　　→だから、あさっては学校は休みだ
(2) 路面が凍結している
　　→だから、昨晩は氷点下まで冷え込んだはずだ
(3) 四辺形ABCDは平行四辺形だ
　　→だから、辺ABは向かい合う辺（対辺）DCと等しい

　(1)を推論としてみると、「あさっては日曜日だ」が前提で「あさっては学校は休みだ」が結論ということになります。こうした思考は、日常的にはまず問題は感じられないでしょう。しかし、「日曜日である」こと自体には「学校

が休みである」という意味は含まれていないのですから、「あさってが日曜日である（A）」という情報だけでは、「学校が休みである（B）」ことは本来引き出せないはずです。ですから、このような思考が妥当だと感じられるとすれば、それはその人が「日曜日は（当然）学校は休みだ（すなわち、AならばBだ）」というAとBの関係に関するもう一つの前提を暗黙のうちに補いながら考えているからだといえます。そのことは、例えば「（金曜日は休日だが）日曜日は休日でない（すなわち、AならばBでない）」というルールがある場合に上述のような思考ができるかを考えてみればわかりやすいでしょう。実際、イスラム教やユダヤ教を国教とする国々では金曜日とか土曜日が休日で日曜日は平日になっている場合がありますので、そうした国々でこのような推論をすれば誤りだと指摘されるはずです。ということは、**この推論はこうした「日曜日は学校は休みだ」という暗黙の前提を認めるかぎりにおいてのみ成り立つ推論、逆にいえばこうした前提を共有しない（承認しない）人々の間では理解し納得してもらえない推論**ということになります。

　（2）の例では、「路面が凍結している（A）」が前提で「昨晩は氷点下まで冷え込んだ（B）」が結論ですが、この場合も同様に考えてみると、「水は0℃以下になると氷になる（あるいは、路面の水が凍っているならば、その水の温度は0℃以下である）」、および、「一般に、日中よりも夜の方が気温は低い」、というような、要するにAとBを結びつけるような知識をあらかじめもっていなければ、すなわち暗黙のうちに前提していなければ、こうした推論はできないはずです。その意味ではこれも、明示されていない「常識」、すなわち**隠れた前提に依存**した推論だということになります。

　では、（3）の例で「暗黙の前提」になっているのはどんな命題でしょうか。このように問えば、たいていの人がすぐに、「**平行四辺形の向かい合う辺（対辺）は等しい**」という命題だと答えるでしょう。確かにこうした知識をもっていれば、あるいは最初に確認しておけば、だれでもこの結論を引き出すことができます。しかしまさにそのことによって、**こうした知識をあらかじめもっていない人**

（まだ学んでいない人）にはこうした**推論**ができないことにも気づきます。その意味で、やはりこの推論も隠れた前提に依存した推論だということになります。

③ 「常識（原理）」が違えば結論も違う

　以上の例では、「暗黙の前提」といっても、「日曜日は学校は休みだ」とか「水は0℃以下になると氷になる」とか「平行四辺形の対辺は等しい」のように、だれでも知っている「常識」的な事柄ばかりでした。もちろん、日常の思考や会話において省略されるのはこうした事柄だけとは限りません。「〇〇ちゃんがぼくのおもちゃを取ったんだ」と泣きながら報告する幼児の訴えに、「〇〇ちゃんてだれ」とか「自分のおもちゃは持っていかなかったはずなのに」などと戸惑う母親のように、話し手だけが知っている特定の事実や特定の意味（自分が使いたかった〇〇ちゃんのおもちゃを先に使われてしまったというような）の説明が省略されて聞き手が理解に苦しむといったことは、おとな同士の会話でも珍しくないことです。しかしここでは、こうしたケースのことは考慮に入れず、もっぱら前述の「常識」的な命題に焦点を合わせて、なぜそうした前提が省略されやすいのか、そのことによってどんな不都合が生じうるのかを考えてみましょう。

　するとまず、こうした「常識」的な命題とは、特定の事実を記述する命題ではなく、ある種の事柄に関して一般的に成り立ちそうなこと、すなわちある種の「普遍的原理」を述べている命題だということに気がつきます。こうした「自明の真理」ともみなされやすい命題の場合、話し手（書き手）は聞き手（読み手）も当然自分と同じ前提、同じ知識をもっていると期待しがちで、それをあてにした議論や論述がされやすいのだと考えられます。また、こうした省略的な思考や議論や論述は、直ちにいけないとか誤りだというものではなく、多くの物事を効率よく処理し行動に移すことが求められる日常生活ではむしろ不可欠でもあります。しかし、「水は0℃以下では氷になる」とか「平行四辺形の対辺は等しい」のよう

な命題は、確かに一度学習し理解した人の立場で考えれば万国共通で普遍性のある知識といってよいのですが、だれもが学習済みで同じような知識をもっているわけではありません。まして「日曜日は学校は休みだ」とか「車は道路の左側を走らなければならない」のような国や時代によって異なりうる社会的ルールの場合には、あらかじめルールの説明がなければ、異なったルールのもとで暮らしている人々が話し手（書き手）の主張を理解したりそれに同意することはできません。ですから、国や時代にかかわらず普遍的に通用する「厳密な推論」を追求したり不特定多数の読者を説得する論述文を書こうとする場合には、やはり**結論を引き出すために必要なすべての前提を把握し、必要に応じて明示できる用意**をしておくことが大切だということがわかります。

　では、暗黙の前提に頼った省略的な思考や議論がどんな問題を引き起こす可能性があるのかを、次の2つの例で考えてみましょう。

(4) Aさんは福島を10時に出発すると言っていた
　　→だから、Aさんは10時半までには仙台に到着するはずだ
(5) Bさんは薬○○を飲んだ
　　→だから、Bさんは眠くなった（あるいは、吐き気を感じた、熱が出た……）

　例(4)のように考えた人は、「Aさんは10時半までには仙台に到着する」ということを他人にも伝え、それを聞いた人の行動に何らかの影響を及ぼすかもしれません。この場合、その人はおそらく新幹線での移動を念頭に置いて、「福島から仙台への移動には30分かからない（福島を10時に出発すれば10時半までには仙台に到着する）」というような暗黙の前提に基づいて推論したと考えられます。しかし、Aさんは実際には、高速バスや在来線での移動を習慣としており、「福島から仙台への移動には1時間以上かかる（福島を10時に出発した場合11時までに仙台に到着することはできない）」というような暗黙の前提に基づいて行動計画を立てているのかもしれません。そうだとすると、「Aさ

んは10時半までに仙台に到着する」という情報を伝えた人は、結果的に誤った情報を伝えたことになり、相手に誤解を与えたりムダな労力を払わせるという結果をもたらす可能性があります。このように、明言され共通に確認できる前提（この場合、「Aさんは福島を10時に出発する」）は同じであっても、それぞれのもつ暗黙の前提（常識）が異なればそこから導かれる結論が異なり、そうした判断の違いが次の判断や行動の大きな違いにもつながる可能性があります。ですから、**思考やコミュニケーションにおいては、だれでも自分と同じ暗黙の前提を共有しているのか、自分の個人的な暗黙の前提（常識、あるいは思い込み）に気づかずに独善的な推論を行っていないか、という反省やチェックが常に大切**になるわけです。

　また、(5)のような推論は、薬○○の作用についてよく知っている（すなわち、「薬○○を飲めば眠くなる（あるいは、吐き気を感じる、熱が出る……）」という常識ないし暗黙の前提をもっている）医師や看護師にとっては簡単なことですが、知らない患者にとっては不可能なことです。ですから、事前にそうした的確な情報が与えられていなければ、患者は自分の状態の不快な変化（急に眠くなった、吐き気を感じた、熱が出た……）が病気の進行によるものなのか治療や投薬の結果なのか判断できず、不安を抱いたり、医師や看護師に対して「ひょっとしたら間違った薬を投薬されたのではないか」などと不信感さえ抱きかねないでしょう。患者に対して何らかの薬を投与したり処置をする場合、事前に必要な情報をきちんと伝えて同意を得ておくことの大切さは、近年「インフォームド・コンセント（説明と同意）」として倫理面から強調されるようになりましたが、実はこのように、患者自身が自らの論理的思考によって現状や今後の見通しを的確に知り闘病生活を主体的に営むためにも不可欠のことなのです。

4 普遍的原理の役割

　さて、以上の例では「普遍的原理」といっても非常に簡単なものばかりでしたが、あえて「普遍的原理」に焦点を合わせたのは、日常の思考では、とかく個別的・具体的な事実のみに注目しがちで、たいていの思考が何らかの「普遍的原理」に依存していること、しかも無自覚のまま「暗黙の前提」として用いていること、に気づかない場合が多いと思われるからです。しかし実際には、知識成長、問題解決、論述文の読み書きなど、論理的思考が必要とされるほとんどの場面において、こうした（法則、理論、ルール、習慣、経済的制約などを述べる）普遍的命題が大切な役割を果たしており、このことを自覚しないと効果的な論理的思考ができません。「普遍的原理」の種類や普遍と特殊ないし個別の関連づけのあり方等については改めて考察する必要がありますが[2]、とりあえずここでは、論理的思考においては普遍的原理を述べる命題も重要であること、しかし日常の思考や議論ではとかくそれが忘れられ省略されることによっていろいろな問題が生じうること、それゆえ折にふれて自分の「常識」を反省し他の人（聞き手や読み手）の常識と突き合わせて吟味し直す態度が必要であることだけを確認してください。

---

[2]　「7　推論と推測、演繹と帰納」以下、特に「(参考)『普遍的原理』の多様性」を参照してください。

《2の要点》 CHECK!
○日常の思考は「明言されない常識（暗黙の前提）」に依存しており、推論としてみれば不完全な場合が多い
○暗黙の前提に依存した思考や議論は誤解や不信などさまざまな問題を引き起こす可能性がある
○日常の思考で省略されやすい普遍的原理は実際にはたいていの思考において重要な役割を果たしている

【問　題】
次の思考において「暗黙の前提」となっている普遍的原理は何かを示しなさい

（1）信号が赤に変わった
　　　→だから、あの車はまもなく停止するはずだ
（2）この物質の比重は 4.2 だ
　　　→だから、この物質を水のなかに入れれば沈む
（3）この場所で縄文時代の土器が大量に発掘された
　　　→だから、この辺に縄文時代の集落が存在したはずだ

 **妥当な推論**

 厳密な推論とはどのようなものか

　日常の思考はそれぞれの人がもつ暗黙の前提に依存するなどして、推論としてみれば厳密性や客観性に欠ける場合が多いことをみてきましたが、それでは、いつでもどこでもだれに対しても通用し理解してもらえるような厳密な意味での推論とはどんなものなのでしょうか。ここでは、**本当に正しい（すなわち、「厳密な意味での」）推論とはどのようなものなのか、妥当な推論と誤った推論はどうすれば見分けたりより分けたりできるのか**、といったことを考えてみましょう。

 1 似たような推論？

　また、いくつかの例で検討してみましょう。

（1）信号が赤になれば車は止まる。いま信号が赤になった。
　　→だから、あの車は止まる。
（2）信号が赤になれば車は止まる。あの車は止まった。
　　→だから、いま信号が赤になった。
（3）A社の製品はすべて3割引だ。この商品はA社の製品だ。
　　→だから、この商品は3割引だ。

(4) A社の製品はすべて3割引だ。この商品は3割引だ。
　→だから、この商品はA社の製品だ。
(5) 正方形であればその四辺は等しい。四辺形ABCDは正方形だ。
　→だから、四辺形ABCDの四辺は等しい。
(6) 正方形であればその四辺は等しい。四辺形ABCDの四辺は等しい。
　→だから、四辺形ABCDは正方形だ。

　これらの例ではいずれも、日常的な思考においては省略されがちな、自明とも思える「普遍的原理」も明示されています。ですから、ここに示された2つの前提が真であれば結論も当然真になるという趣旨の推論をしてみせたものとみることができます。また、これらの推論は、(1)と(2)、(3)と(4)、および(5)と(6)がそれぞれ一見よく似ているようにも思われます。しかし、それではこれらの推論はすべて妥当な推論といってよいのでしょうか。誤った推論があるとすればそれはどれでしょうか。また、それは、どのようにして判別できるのでしょうか。

2　例外はありえないか

　「妥当な推論」であるということは、前述のように、与えられた前提だけを根拠としてその結論が必然的に導出できるということです。ですから、**ある推論が妥当かどうかは、前提がすべて真であると仮定すればその結論も必ず真となり、偽となることはありえないか**、を確かめることによってわかるはずです。

　すると、(2)、(4)および(6)では、それぞれ前提は真であるけれども結論が偽であるケース、すなわち「車が止まったけれども赤信号にはなっていないケース（もしかすると、信号の手前の店に用があったのかもしれません）」、「3割引だけれどもA社の製品ではないケース（B社やC社の製品でも3割引のものがあるかもしれません）」、「四辺が等しい四辺形だけれども正方形ではないケー

ス(つまり、一般のひし形)」を容易に想定できることに気がつきます。ですから、これらは妥当な推論とはいえないことになります。これに対して、(1)、(3)および(5)では、そのようなケースを発見することができないことがわかるでしょう。ですから、これらは妥当な推論ということになります。もちろん、「いや、赤信号でも止まらない車があるじゃないか」とか、「A社の製品でも割引除外品があるかもしれない」などと反論したくなる人もいるかもしれません。確かに、現実にはそうしたケースもあるかもしれません。しかし、その場合には、「信号が赤になれば車は止まる」とか「A社の製品はすべて3割引だ」という前提そのものが事実としては誤りだ(偽である)ということですから、いま考察している**「前提がすべて真であると仮定すれば……」という条件**には該当しないことになります。前提が偽である推論が無意味だというわけではありませんが(これについては、「8 知識成長・改善と論理」を参照してください)、ここではもっぱら、前提の命題自体は真であるとみなしたうえで、**前提から結論にいたる思考展開(推論)のあり方のみに注目**して考えることにします。

③ 共通の構造

　さて、(1)、(3)、(5)は妥当な推論と考えられること、これに対して(2)、(4)、(6)は妥当ではないと考えられることをみてきましたが、実はそれぞれのグループごとに重要な共通性があります。それは、用いられている語句やテーマの共通性(この点では、むしろ(1)と(2)、(3)と(4)、および(5)と(6)がそれぞれ似ています)ではなくて、推論(前提から結論への思考展開)のパターンの共通性です。そして、**妥当な推論と非妥当な推論を区別するものは、思考のテーマや用語ではなくて、まさにこうした推論の構造ないし形式**なのです。そこで、この構造ないし形式の共通性を明らかにし妥当な推論と妥当でない推論をより分けるために、それぞれの推論の骨格がよくわかるように、各命題を一般化・記号化してみることにしましょう。

するとまず、これらの6例における第一前提はすべて、「……ならば、……」という形にまとめることができ、「ならば」の前にある命題と後にある命題を「ならば」という接続詞にあたることばで結合した**複合命題**として捉えることができます（「信号が赤に変わる」**ならば**「車は止まる」、「ある商品がA社の製品である」**ならば**「その商品は3割引である」、「ある図形が正方形である」**ならば**「その図形の四辺は等しい」などと言い換えてみればわかりやすいでしょう。このタイプの複合命題は「**仮言命題**」と呼ばれ、「ならば」の前にある命題は「**前件**」、後にある命題は「**後件**」と呼ばれます）。そこで、「前件」をa、「後件」をbで表すと、第一前提はすべて、「aならばb」で表せることになります。次に、第二前提は、(1)、(3)、(5) ではaと同趣旨の主張ですが、(2)、(4)、(6) ではbと同趣旨の主張になっていることがわかります。そして結論は逆に、(1)、(3)、(5) ではbと同趣旨の主張ですが、(2)、(4)、(6) ではaと同趣旨の主張です。ですから、これらの推論の構造を記号で表すと、(1)、(3)、(5) は「aならばbである。aである。だから、bである」となりますが、(2)、(4)、(6) は「aならばbである。bである。だから、aである」となって、その違いがはっきりします。そして結論的にいうと、前者は妥当な推論形式ですが、後者は妥当でない推論形式です（当然、それぞれ妥当であることや妥当でないことの証明もできますし、それは決して難しいことではないのですが、そのためにはもう少し記号化を進める必要がありますので、ここではふれません。興味のある人は、「12　記号論理の基礎——論理力トレーニングⅣ——」を読んでください）。

④ 肯定式と否定式

　以上の考察をふまえて、妥当な推論形式として確認されたものを改めて「推論法則」として掲げておくことにしましょう。

①aならばbである。aである。ゆえに、bである。

（これは、「(前件) **肯定式**」と呼ばれる最も基本的な推論法則です）

　以上、ようやく1つの「推論法則」を確認することができましたが、以上の考え方、やり方を適用していけばこれ以外の推論形式についても妥当性を判定することができ、大事な推論法則を発見できるはずです。では、次のような推論はどうでしょうか。

(7) この薬を飲めば確実に熱は下がる。しかし、Aさんの熱は下がっていない。
　　→だから、Aさんはこの薬を飲んでいないはずだ。
(8) この薬を飲めば確実に熱は下がる。しかし、Aさんはこの薬を飲んでいない。
　　→だから、Aさんは熱が下がっていないはずだ。
(9) 正方形であればその四辺は等しい。しかし、四辺形ABCDの四辺は等しくない。
　　→だから、四辺形ABCDは正方形でない。
(10) 正方形であればその四辺は等しい。しかし、四辺形ABCDは正方形でない。
　　→だから、四辺形ABCDの四辺は等しくない。

　これらについても、先ほどと同様に、2つの前提がともに真であっても結論が真でないようなケースがあるか否かを考えてみてください。すると、(8)、(10)では、「この薬の服用以外の要因によって熱が下がるケース（他の薬の作用や自然治癒など）」、「正方形ではないが四辺が等しい四辺形（一般のひし形）」を容易に想定できるので、妥当な推論とはいえないことがわかります。それに対して、(7)、(9)では、そのようなケースを発見することができないことがわかるでしょう（(7)で、「この薬を飲んでも効かない人もいるかもしれない」という反論は、事実としてはありうることで十分に留意すべきことですが、それは「こ

の薬を飲めば確実に熱は下がる」という前提を否定することですので、ここでは考慮しません）。

　この場合も、記号を用いて一般化してみれば、両者の構造の違いを確認することができます。先ほどと同様に第一前提を2つの命題を「ならば」で結合した複合命題として捉えたうえで、(7)、(9) を記号化すると、「aならばbである。bでない。ゆえに、aでない」となりますが、これに対して (8)、(10) は、「aならばbである。aでない。ゆえに、bでない」となります。そこで、前者が妥当な推論形式であるのに対して、後者は妥当でない推論形式ということになるわけです。

　②aならばbである。bでない。ゆえに、aでない。
　（これは、「(後件) **否定式**」と呼ばれる重要な推論法則です）

　なお、間接証明法として重要な「**背理法**（帰謬法とも呼ばれます）」は、否定式の考えを応用したものです。なぜなら、真であると思われる命題aが成り立つことを直接証明することが困難な場合、あえてaが偽であると仮定し、そこから導かれる帰結が明らかに偽であることを示せるならば、さかのぼってaが偽ではありえない（すなわち、真である）ことが間接的に証明される、と考えるのが背理法だからです。これは、数学などだけでなく、次の例のように、日常生活においてもよく使われる大事な思考法です。こうしたことからも「否定式」の考え方の重要性が理解できるでしょう。

(11) 私が犯人だとすると（＝無実でないならば）、私はその日A氏宅に居たはずだ。しかし、私がその日A氏宅に居なかったことは明らかだ。だから、私は犯人ではない（無実だ）。

4　肯定式と否定式　31

②′ aでないならばbである。（ところで）bではない。ゆえに、aでないことはない（＝aである）。

（「背理法」）

《3の要点》 CHECK!
○本当に正しい（妥当な）推論とは前提のみから結論が必然的に導出できるような推論である
○推論の妥当性を判定するには、前提を真と仮定して結論に反する事態がありえないかを確認すればよい
○推論の妥当性は関連する命題の真偽にではなく、前提と結論との形式的関係に依存する
○「肯定式」と「否定式」は基本的な推論法則として重要である

# 4 「ならば」と「または」
──論理力トレーニングⅠ──

　「肯定式」や「否定式」のような推論法則は、aやbにどんな命題を代入しても妥当な推論が得られます。ですから、どんな分野のどんなテーマに関する思考や議論においても頻繁に用いられ重要な役割を果たしますので、その意味をしっかり理解し活用することが大切です。それだけでなく、こうした「**厳密な意味での推論（妥当な推論）**」というものをきちんと理解して使えるようになることは、日常生活や職業生活を含むあらゆる場面での思考や議論や論述において論理を適切で有効に活用できるための土台となります。なぜなら、「**論理力**」の基本は、ある情報（前提）から確実に引き出せることは何か、この情報からあの主張を導くことは適切なのか、また、自分の主張に説得力を与え広く認めてもらうためには事前にどんな事柄を確認しておく必要があるのかといった、**主張相互の関係について的確に見極める力**だからです。
　ですから、これからしばらくの間、他のいくつかの重要な推論法則の紹介と確認を兼ねながら、論理力を鍛えるためのトレーニングをすることにしたいと思います。トレーニングよりも論理の活用法について早く概観したいという方は、「4、5、6」を飛ばして「7　推論と推測、演繹と帰納」に進んでいただいても結構です。

① 仮言三段論法

(1) 明日は、天気がよければスポーツ大会がある。ところで、スポーツ大会があれば授業はない。だから、明日は、天気がよければ授業はない。

　この推論は妥当かどうか考えてみてください。この推論は、前提が２つとも「ならば」で前件と後件が結合された複合命題（仮言命題）であり、結論も同じく複合命題ですが、決して複雑ではなく、むしろ非常に自然な思考展開であると感じられたことと思います。ここで、「天気がよい」をａ、「スポーツ大会がある」をｂ、「授業はない」をｃで表してみれば、この推論のパターンは、「ａならばｂである。ｂならばｃである。だから、ａならばｃである」であることがわかります。つまり、ａがｂの、そしてｂがｃの成り立つための条件になっているので、第一の条件ａが満たされれば第二の条件ｂも必然的に満たされ、その場合ｃが成り立つはずだという思考展開になっているわけです。これも推論法則として確認しておきましょう。

　③ ａならばｂである。ｂならばｃである。ゆえに、ａならばｃである。
　　（これは「**仮言三段論法**」と呼ばれる推論法則です）

　仮言三段論法はそれ自体重要な推論法則ですが、「ａからｂ、ｂからｃ」と真理の確認が玉突き的に移行できるという趣旨のことを述べた法則とみることもできますから、この考え方は多数の情報が関わる場合にも拡張することができます。すなわち、「ａならばｂ、ｂならばｃ、ｃならばｄ、ｄならばｅ、……、ｙならばｚである」という具合に諸命題を関連づけることができる場合には、これらの前提から、「ゆえに、ａならばｚである」という形で「ａ」とは一見かけ離れた「ｚ」について自信をもって明確な断定ができるということです。コンピュータによる「情報処理」も、基本的にはこのようなプログラムによる明確

な指示の連鎖に基づいて、一定の入力に一義的に対応する結果を素早く出力してみせるものだということができるでしょう。こうしたことからも、この推論法則の重要性が理解できると思います。

2 「ならば」の用法

　この「仮言三段論法」は、前出の「肯定式」および「否定式」と並んで、「ならば」の関係を利用した代表的な推論法則です。2つの命題を「ならば」で結合した仮言命題は、日常的にも、**原因と結果**（例「ボールから手を離せば、落下する」）、**目的と手段**（例「看護師になりたいならば、国家試験に合格しなければならない」）、**仮定とその帰結**（例「ここに橋があれば、隣町まで5分で行けるのだが」）、**事物とその性質**（例「正方形であれば、その四辺は等しい」）、部分と全体（例「専門学校生であれば、学生の一員である」）、**言い換え**（例「AさんがBさんの母親であれば、BさんはAさんの子どもだ」）等多様な関係を表すために用いられます。一方、これらはいずれも、「前件」の条件が満たされれば必ず「後件」も実現する（前件が真であれば後件も真である）こと、逆にいえば、「後件」が偽である場合は「前件」は真ではありえないこと、を主張する点では共通しています。ですから、**この関係を利用することによって、ある情報や仮定**（「aである」とか「bでない」）**から他の事実**（「bである」とか「aでない」）**を知る**ことができるようになります。こうしたことからも、「ならば」の関係を利用した推論、および、それに先だって2つの事柄を「ならば」でつなぐしっかりした仮言命題を発見することの大切さが理解できると思います。

3 選言三段論法

(2) 本人または代理人の出席が求められている。しかし、本人は出席できない。だから、代理人に出席してもらわなければならない。

(3) $x = 2$、または $x = -2$。ところで、$x < 0$。∴ $x = -2$
(4) 優れた科学者は天才か努力家のどちらかのはずだ。優れた科学者である彼が天才であることは間違いない。だから、彼は努力家ではない。

　これらの推論はいずれも、「2つの選択肢のうち少なくとも一方は成り立つ」という趣旨の複合命題（「**選言命題**」と呼ばれます）を第一前提としており、一見似たような推論にみえます。それではどれも同じように妥当な推論といってよいのでしょうか。これらについても、2つの前提がともに真であって結論が真でないようなケースがあるかを考えてみれば、妥当な推論と非妥当な推論を見分けることができるはずです。すると、(2) と (3) についてはそうしたケースがなさそうなのに対して、(4) については、彼が「天才」であることは確かだとしても「努力家」でないとは断定できないはずだ、という反論をすぐに思いつくことでしょう。「天才」と「努力家」は両立可能な性質であり、両方の条件を兼ね備えていることが十分に考えられるからです。ですから、(2) と (3) は妥当な推論、(4) は妥当でない推論だと判定できることになります。そして、これらの推論を記号化、一般化してみれば、(2) と (3) は同じタイプの推論であるのに対して (4) は別のタイプであることもわかります。そこで (2) と (3) のタイプの推論形式を、改めて「推論法則」として掲げておきます。

　④ a または b のいずれかが成り立つ。a ではない。ゆえに、b である。
　　（これは「**選言三段論法**」と呼ばれる推論法則です）

　これに対して、「a または b のいずれかが成り立つ。a である。ゆえに、b ではない」という (4) のような論法は、④と一見似てはいますが一般には誤りです。上述の例のように、a と b という2つの選択肢が両方とも成り立つ可能性があるからです。ただし、選択肢が相互に排除し合い決して両立しないよう

に注意深く選択肢を立てることができる場合（このような選言を「**強選言**」と呼んで、(2) や (3) のように選択肢の両立を認める「**弱選言**」と区別することもあります）には、このタイプの論法でも正しい結論を得られることになります。例えば、「人は年齢に応じて成年か未成年かいずれかのグループに属する。Aさんは昨日 20 歳になったので成年である。だから、Aさんはもはや未成年のグループには属さない」というように考える場合がそうです。こうした思考は、アンケート調査などで多くの対象を一義的で明確に区分し、そこから的確な情報を入手しようとする場合などにはよく用いられます。ですから、こうした論法を用いようとする場合には、選択肢同士の関係をあらかじめ見極める（あるいは意図的にそうした選択肢を配置する）ことが、誤った推論を避けるための大切な条件になります。

4 「または」の用法

このように 2 つの命題を「または」で結合した選言命題は、**複数の選択肢の存在**（「私は A 大学または B 専門学校に入学したい」、「C ランチにはコーヒーまたは紅茶がつく」など）を表すか、**または不確定状況**（「明日は雨または雪が降るでしょう」、「犯人は A か B かどちらかだ」など）を表すためによく用いられます（この文自体も選言命題になっています！）。これも日常的によく出現する状況ですが、このように 2 つの可能性がある場合に、一方の可能性を否定する別の情報と組み合わせて考えることによって、可能性を 1 つに限定し明確な判断を下そうとする思考を図式化したのが選言三段論法だといえます。

5 両刀論法（ディレンマ）

最後にもう 1 つ、「**両刀論法（dilemma ディレンマ）**」と呼ばれる推論法則を掲げておきます。これは、「**ならば**」と「**または**」（肯定式または否定式と選言三

段論法）**を組み合わせたような推論形式**で、細かく区別すれば4つのタイプに分けられます。ですから、いままでみてきた推論形式よりは若干複雑で、それだけに誤る危険性も高くなります。また、そうした複雑さを悪用してしばしば人をいいくるめる「詭弁」的論法として用いられることさえありました。日常語の「ジレンマ」はこの dilemma に由来することばですが、こんなこともあって、普通「ジレンマ」というと「板ばさみ」のような意味で用いられ、推論法則としては意識されません。しかし、本来は特定の感情や詭弁とはまったく無縁な推論法則の一種であり、数学の証明などでも用いられる重要な論法ですから、正しく理解して使いこなすことが大切です。

(5) この薬を飲めば副作用があるが、飲まなければ症状は改善しない。ところで、この薬を飲むか飲まないかどちらかだ。だから、副作用があるか症状が改善しないかどちらかを覚悟せざるをえない。

(6) Aと付き合えばBに（⇒だれかに）よく思われないが、Bと付き合えばAに（⇒だれかに）よく思われない。しかし、自分はAかBのどちらかとは付き合わざるをえない。だから、Bによく思われないかAによく思われないかは（⇒だれかによく思われないことは）覚悟せざるをえない。

(7) 彼が賢明ならば自分の誤りに気づくはずだし、彼が善良ならば自分の誤りを認めるはずだ。しかし、彼の態度は自分の誤りに気づいていないか自分の誤りを認めようとしないかどちらかだ。だから、彼は賢明でないか善良でないかどちらかだ。

(8) 犯人はそのパーティーに出席していたはずだし、また犯人は足に大けがをしたはずだ。しかし、容疑者の彼はそのパーティーに出席していないか足に大けがをしていないことが判明した。だから、彼は犯人ではない。

これらは、いずれも妥当な推論であり、記号化、一般化すればそれぞれ次のような推論法則が得られます。

⑤ aならばbであり、またcならばdである。そして、aまたはcのどちらかである。ゆえに、bまたはdのどちらかである。

（これは、(5)や(6)の一般化に相当します）

ここで、たまたまbとdが同じ命題だとすると、次のように簡略化できます。

⑥ aならばbであり、またcならばbである。そして、aまたはcのどちらかである。ゆえに、bである。

（(6)の例において、「Aによく思われない」と「Bによく思われない」をまとめて「だれかによく思われない」と表現すればこれに該当することになります）

⑦ aならばbであり、またcならばdである。ところで、bでないかまたはdでないかのどちらかである。ゆえに、aでないかまたはcでないかのどちらかである。

（これは、(7)の一般化に相当します）

ここで、たまたまaとcが同じ命題だとすると、次のように簡略化できます。

⑧ aならばbであり、またaならばcである。ところで、bでないかまたはcでないかのどちらかである。ゆえに、aでない。

（これは、(8)の一般化に相当します）

以上は、わかりやすさを重視して、主として日常的にも使われそうな、そしてやや「ジレンマ」的な色彩の濃いものを挙げてみたのですが、もちろん数学の証明のようにまったく情緒的な要素のない例を挙げることもできます。例えば、

⑨ $x \geq 0$ と仮定すれば $x = 3$ という結果になり、$x < 0$ と仮定すれば $x = -5$ という結果になる。ところで、$x \geq 0$ か $x < 0$ のどちらかである。ゆえに、$x = 3$、または $x = -5$ のどちらかである

のようなケースです。このように、両刀論法はそれ自体としては他の推論法則と同様の妥当な論法なのですが、多くの命題が関わりやや複雑なだけに、誤りが生じたり悪用されやすいのだともいえます。こうした事態を避け、現実の諸問題に関して有効な推論として活用するためには、①**2つの仮言命題それぞれにおいて前件と後件の関係が本当に必然的なのか**、また、②**選択肢はすべてのケースを網羅しており「モレ」はないのか**（上記の例に即していえば、「この薬」以外に副作用のない薬を使えないのか、AやB以外に付き合うべき相手はいないのか、また、AやBとの嫌われないような付き合い方はないのか）などをきちんとチェックすることが特に重要です。

《4の要点》 CHECK!
○「仮言三段論法」、「選言三段論法」、「両刀論法」は重要な推論法則である
○「ならば」や「または」には多様な用法があり、それぞれの趣旨を理解して正しく使いこなすことが大切である

【問題1】
上記の例を参考にして、「ならば」で結合された複合命題を3つ挙げなさい。また、その複合命題を用いた、「肯定式」、「否定式」および「仮言三段論法」のタイプの推論を示しなさい

【問題2】
次の推論を記号化したうえで、妥当か否か判定しなさい
（1）奨学金を受ける資格は収入が少ないか成績が優秀かのいずれかだ。奨学金を受けたAさんは収入が少ない。だから、Aさんは成績が優秀ではない。
（2）半額で入場できるのは女性か18歳未満だ。半額で入場したBさんは女性ではない。だから、Bさんは18歳未満のはずだ。

5 「すべて」と「ある」
──論理力トレーニングⅡ──

　「トレーニングⅠ」では「ならば」や「または」で結合された複合命題を基本とした推論について検討しましたが、今度は、**全体と部分、ないし普遍と特殊に関する推論**について検討してみましょう。「全体」というと「このクラス全体」とか「バスの乗客全員」のようにたまたまある集団に所属するメンバーを指す場合もあるのに対して、「普遍」ということばは「水は H_2O である」とか「すべての生物は水を必要とする」のように「ある種の対象すべてに例外なくあてはまる」といった意味で用いられ、若干ニュアンスや用法は異なるのですが、どちらも普通「すべて」ということばで表現できます。他方、「部分」とか「特殊」ということばも「その一部のメンバー」を指したり「例外的な場合」を意味するなど多様な用法がありますが、普通「ある」ということばで表現できます。ですから簡単にいえば、ここで考察しようとするのは、**「すべて」で表現される命題と「ある」で表現される命題との関係**ということになります。

1　4つの異なる命題

　何らかの主張を表す命題には主語と述語が含まれますが、主語や述語として用いられる概念（ことば）が同一であっても、**主語の全体に関する主張か一部のみに関する主張か、肯定的な主張か否定的な主張かという区別**を考慮に入れると、

4つの異なった命題ができます。例えば、主語が「人間」で述語が「善良」だとすると、「すべての人間は善良である」、「すべての人間は善良でない」、「ある人間は善良である」、「ある人間は善良でない」という4つの異なった主張が可能だということです。しかし、この4つの命題は主語も述語も同一ですから、主張相互には必然的に一定の関係が成り立ち、どの主張に賛成するかは別としてすべての主張を同時に認める（真とみなす）ことができないことは明らかです。それではいったい、どのような関係があるのでしょうか。どれかの命題が真であるとか偽であるという情報が得られた場合（あるいはそう仮定した場合）、他の命題の真偽は自動的に決まってくるのでしょうか。

まず、こうした関係を一般的・包括的に考察するために、各タイプの命題をそれぞれ次のように記号化し類型化することにします（ただし、Sは主語、Pは述語をそれぞれ表すものとします）。

① 「すべてのSは（＝どのSも）Pである」

（このタイプの命題を「**全称肯定命題**」と呼び、略号として、Aで表すことにします[3]）

② 「すべてのSは（＝どのSも）Pでない」

（このタイプの命題を「**全称否定命題**」と呼び、略号として、Eで表すことにします）

③ 「あるSは（＝少なくとも1つのSは）Pである」

（このタイプの命題を「**特称肯定命題**」と呼び、略号として、Iで表すことにします）

④ 「あるSは（＝少なくとも1つのSは）Pでない」

（このタイプの命題を「**特称否定命題**」と呼び、略号として、Oで表すことにします）

---

[3] この4つのタイプの命題を、それぞれA、E、I、Oという母音で表すのはまったく便宜上のことで、由来は覚える必要もないことですが、気になる人のために説明すると、ラテン語で「私は肯定する」という意味のaffirmoから第一、第二母音をそれぞれ全称肯定命題および特称肯定命題にあて、「私は否定する」という意味のnegoから第一、第二母音をそれぞれ全称否定命題および特称否定命題にあてたといわれています。

2 はっきりいえることは何か

　さて、何らかの全称肯定命題（Aタイプの命題）が真だとした場合、そこから明確に断定できることは何でしょうか。「すべての人間は善良である」という例で考えてみると、この「性善説」を主張する人は、当然「すべての人間は善良でない」という「性悪説」の主張を退けるだけでなく、「ある人間は善良でない」という部分的な否定さえも容認しないはずです。他方、「ある人間は善良である」という部分的な肯定の主張に対しては、不満を感じるかもしれませんが、「（世の中には）善良な人間がいる」という主張内容自体には同意するでしょう。とすると、「すべての人間は善良である」という仮定からは、「すべての人間は善良でない」という命題および「ある人間は善良でない」という命題が偽であるということ、および「ある人間は善良である」という命題が真であるということが引き出せそうです。あるいは、「すべての水はH_2Oである」が真であれば、「すべての水はH_2Oでない」や「ある水はH_2Oでない」は偽となり、「ある水はH_2Oである」は真となる、といった例で考えてもいいでしょう。これを一般化していうと、「**A（タイプの命題）が真である**」という情報ないし仮定からは、「**Eは偽である**」、「**Iは真である**」、「**Oは偽である**」という3つのことが明確に断定できるということになります。

　同様に、全称否定命題（E）である「すべての薬は無害でない（すなわち、どんな薬にも何らかのリスクがある）」という主張を真と仮定して、そこから明確に断定できることは何かを考えてみましょう。すると、この主張が「すべての薬は無害である」および「ある薬は無害である（リスクのない薬が存在する）」という主張を退けること、他方「ある薬は無害でない」という主張を支持することがわかります。あるいは、「すべての生物は不死ではない（E）」が真であることから、「すべての生物は不死である（A）」や「ある生物は不死である（I）」は偽であること、これに対して「ある生物は不死でない（O）」が真になることがわかる、といった例で考えることもできます。ですから推論として一

般化すれば、「Eは真である」という前提からは、「Aは偽である」、「Iは偽である」、「Oは真である」という3つの結論を引き出せることになります。

それでは、特称肯定命題（I）タイプの情報が与えられた場合、そこから明確に断定できることは何でしょうか。例えば、「ある患者にはこの薬が有効だ」ということがわかったとしても、当然この情報だけでは、「この薬はすべての患者に有効だ」が真であるという保証はできません。かといって、「ある患者にはこの薬が有効でない」という断定もできないはずです（この種の「早とちり」はよくみられることです。「あるSはPである」という情報を耳にすると、反射的に「それでは、他のSはPではないのだろう」と思いたくなる人が少なくないようです）。なぜなら、「有効でなかった」事例についての報告は何もないからです。これに対して、「この薬はすべての患者に有効でない」という命題だけは、事実によって明確に否定できます。あるいは、「彼女はハートの札を持っている（I）」が真の場合、「彼女の持っている札はすべてハートだ（A）」とか「彼女はハート以外の札を持っている（O）」とか断定することはできませんが、「彼女はハートの札を持っていない（E）」という命題だけは確実に偽と断定できる、といった例で考えることもできます。ですから、「**Iは真である**」という情報ないし仮定からは、「**Eは偽である**」**という断定はできますが、「A」および「O」に関しては真偽が断定できない（真偽不定である）**ことがわかります。

このように、ある情報からは一見それと関係がありそうな他の事柄について、明確に真、または偽と断定できる場合と断定できない場合があります。ですから、断定できる場合には自信をもってはっきり断定し、断定できない場合にはその事情を理解して判断を留保する、といった態度の使い分けが大切です。ある種の情報から**確実に引き出せる帰結は的確に引き出して十分に活用する**一方で、**断定できるほどの情報がない場合には早まった結論を下さないという態度**を取ることは、「論理的思考」を生活のなかに活かすために大切な心がけの1つです。

特称否定命題（O）の場合についても事情は同様です。例えば、「ある患者は

看護師の指示に従わない」という報告（命題）が真であったとしても、直ちに「すべての患者が看護師の指示に従わない」が真であるということにはなりません。他方、「ある患者は看護師の指示に従う」と断定できる根拠もありません（ひょっとしたら、看護師が勘違いして全員に不適切な指示をしてしまったかもしれませんので）。明確にいえることは、「すべての患者は看護師の指示に従う」が偽であるということだけです。あるいは、「あるほ乳類はしっぽを持たない(O)」という情報からは、「すべてのほ乳類はしっぽを持つ(A)」が偽であるということだけははっきりいえますが、「すべてのほ乳類はしっぽを持たない(E)」とか「あるほ乳類はしっぽを持つ(I)」とは断言できない、といった例で考えてもよいでしょう。要するに一般的にいえば、**「Oは真である」という情報ないし仮定からは、「Aは偽である」ことは断定できますが、「E」および「I」に関しては、それだけの情報では真偽の断定はできない（真偽不定である）**ということになります。

　なお、関連して述べておきますと、主語と述語を共有する命題には、以上の4つのタイプ以外に、特定の個体のみに言及する「**単称命題**」と呼ばれるタイプのものもあります（主語を「人間」、述語を「善良」とした場合、「この人間は善良である」とか「（人間の一員である）ソクラテスは善良である」といった命題がそれにあたります）。そして、科学における観察や実験の結果を記述する命題はしばしばこの形で表現されます（「木星には衛星がある」、「この水は93℃で沸騰した」等）。ですから、単称命題と全称命題や特称命題の真偽関係を確認しておくことも大切になります。詳しい検討は省略しますが、「全称命題が真なら単称命題も真になるが特称命題が真だとしても単称命題の真偽は不定である」、「単称命題が真なら特称命題も真になるが全称命題の真偽は不定である」、という関係が成り立つことだけを確かめてください。

3 「矛盾」ということ

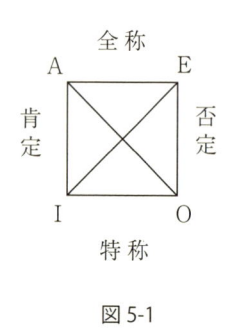

```
    全 称
  A ─────── E
肯 │╲     ╱│ 否
定 │ ╲   ╱ │ 定
   │  ╲ ╱  │
   │   ╳   │
   │  ╱ ╲  │
   │ ╱   ╲ │
  I ─────── O
    特 称
```

図 5-1

　以上、各タイプの命題が真であるという情報ないし仮定から断定できる事柄について検討してきましたが、もしそれらが偽であることがわかった場合、あるいは偽であると仮定した場合にはどうなるでしょうか。この場合についてもあらゆるケースをしらみつぶしに調べることはもちろん可能ですが、その必要はありません。実際に必要なのは、「AとO」、および「EとI」の関係を知ることだけです。なぜなら、図5-1のように全称か特称かに関しても肯定か否定かに関しても対照的なこれらの2命題の間には、常に、**一方が偽であれば他方は必ず真になる**という関係が成り立つので（「……人間は善良……」などの例で確かめてください）、例えば、「Aが偽であればOは真」となり、「Oが真」の場合の先ほどの検討結果がそのまま利用できるからです。

　「AとO」、および「EとI」の関係については、「一方が真ならば他方は必ず偽」になることを先ほど個別に確認しましたが、実はいまみたように、「一方が偽ならば他方は必ず真」という逆の関係も成り立つわけです。このように、**真偽が常に反対であり互いに否定し合う2つの命題のことを互いに「矛盾」するといいますが**、「矛盾」はさまざまな主張や理論相互の関係を的確に把握したり批判的に検討する場合に大切な手がかりとなる非常に重要な関係です。

　例えば、「水は常に100℃で沸騰する（全称肯定命題、A）」が真と仮定すれば「水は100℃で沸騰しない場合もある（特称否定命題、O）」は偽となり、そうした事態を想定する必要はないことになります。逆に、観察や実験の結果「水はある場合には100℃で沸騰しない（O）」が真であることが確認されれば「水は常に100℃で沸騰する（A）」は偽であると考えざるをえません。このように、法則的命題（一般に、全称肯定命題で表すことができます）と反例の存在を主張

する命題（一般に、特称否定命題で表すことができます）は「矛盾」の関係にありますので、十分に確立され異論のない法則については例外を心配することなく安心してそれを活用できますし、逆に1つでも明らかな反例がみつかった場合には「法則」とされてきた命題の真剣な見直し、新たな法則の探究が求められることになるわけです。このように、科学的知識の応用や修正、発展という場面においても「矛盾」という論理的関係が大事な役割を果たすのですが、これについては「8　知識成長・改善と論理」のところで改めて検討することにしたいと思います。

　なお、誤解のないようにお断りすると、「矛盾」はこのように主語と述語を共有する命題同士の間にだけ成り立つ関係ではありません。ある命題とその否定は常に「矛盾」の関係をなします。例えば、「今度の日曜日に天気がよかったら遊園地に連れて行く」といっていた父親が、急用を口実にして「天気がよかったにもかかわらず遊園地に連れて行かなかった」ならば、子どもから約束違反として責められても文句はいえません。また、「自分はその店には一度も行ったことがない」と主張していた人が、「この前その店に行ったときには……」などと話し出したら、「あなたの話には矛盾がある」と指摘されてせっかくのアリバイ工作がふいになってしまうかもしれません。このように、「矛盾」の関係にある言明は日常生活においてもよくみられますから、そうした関係を常に意識しながら自分の発言に注意したり他人の発言に耳を傾けることが、自分の意見に説得力を与えたり、問題の適切な解決を図るために役立つはずです。

《5の要点》 CHECK!
○主語・述語が同一でも「すべて」や「ある」がつくと4つの異なった命題ができる
○それらの命題の1つを真、または偽と仮定した場合、他の命題は真、または偽と断定できる場合と真偽不定の場合があり、それらをきちんと見分けることが大切である
○真偽が必ず反対になるような2つの命題は互いに「矛盾」するといわれ、論理的思考において重要な役割を果たす

【問題】
次の各命題はA、E、I、Oいずれのタイプかを（　　）内に書き、また、それが真だと仮定した場合、⇒の後に示した命題の真偽はどうなるかを述べなさい

(1)「すべての学生は携帯電話を持っている」（　　）は真と仮定
　　⇒Oに置き換えた命題は？
(2)「A社のある製品には欠陥がある」（　　）は真と仮定
　　⇒Eに置き換えた命題は？
(3)「ある患者にはこの療法は有効でない」（　　）は真と仮定
　　⇒Iに置き換えた命題は？
(4)「どのパソコンも1万円では買えない」（　　）は真と仮定
　　⇒Iに置き換えた命題は？

6 妥当性の証明
──論理力トレーニングⅢ──

　いままでのところ、推論形式の妥当性の判定はもっぱら「前提が真であって結論が偽であるようなケースはありうるか」というような想像力に訴えるやり方で行ってきました。もちろんこれは大変重要なやり方なのですが、これでは、自分にとってなじみのないテーマの場合いろいろなケースを想定することが難しいとか本当にすべてのケースをもれなく検討したのだろうかと心配になることもあります。ですから、**いろいろな推論形式に対して一律に妥当性を判定し証明できるやり方**があればその方が望ましく、証明できたものは「推論法則」としてあらゆる場面で安心して活用できることになります。そこでここでは、「ベン図」を描いて「定言三段論法」という推論形式の妥当性の判定をするやり方を検討することによって、論理的な証明のトレーニングをすることにしましょう。

1 定言三段論法

　「定言三段論法」とは、例えば次のような、主語も述語も同一というような制限なしにA、E、I、Oタイプの2つの前提から一定の結論を導き出そうとする推論のことです。

(1) すべての動物は死すべき存在である
　　すべての人間は動物である
　　ゆえに、すべての人間は死すべき存在である

(2) 本当の進歩は人間にとって有害でない
　　ある発明は人間にとって有害である
　　ゆえに、ある発明は本当の進歩ではない

(3) すべてのダチョウは空を飛べない
　　すべてのダチョウは鳥類である
　　ゆえに、すべての鳥類は空を飛べない

　これらはいずれも日常的にもよく出てきそうな簡単な議論です。ただし、(3)については、一見しておかしさを感じた人が多いことと思います（推論としてのおかしさ以前に、結論が常識に反するという点におかしさを感じた人の方が多いかもしれませんが）。このように、一見似たような形式の推論でも妥当な推論と妥当でない推論があるのですから、推論形式を適切に分析し妥当・非妥当の判別を可能にする方法を確認することが大切になります。

2　第3の概念

　定言三段論法には、名前のとおり3つの命題（2つの前提および結論）が含まれますが、そこで主語や述語として用いられる概念も3つです。というのも定言三段論法とは、当初はそれぞれ異なる前提に登場する2つの概念（すなわち、結論の主語および述語になるSとP）の関係について、両方の前提に主語や述語として登場する第3の概念（「媒概念」と呼び、Mで表します）とそれぞれとの関係を利用することによって、一定の結論的な主張を行うという仕組みの推論だからです。ここでMとPの関係を述べる前提（どちらが主語になるか

```
 M－P       P－M       M－P       P－M
 S－M       S－M       M－S       M－S
∴S－P     ∴S－P     ∴S－P     ∴S－P
```

図6-1

で、M−PあるいはP−Mとして表されます）を大前提、MとSの関係を述べる前提（同様に、M−SあるいはS−M）を小前提と呼びますが、これらの組み合わせによって定言三段論法は図6-1のように大きく4とおりの型に区別されることになります。さらに大前提、小前提、結論の3つの命題それぞれについてA、E、I、Oの区別を考慮すれば、結局定言三段論法として可能な推論形式のパターンは、計算上4×4×4×4で256とおりありうることになります。

　もちろんこれは機械的な区分ですから、これらの推論形式のうち大半は非妥当で、例（3）のような奇妙な結論をもたらすものにすぎません。ですから、このなかから妥当な推論形式を選び出したり、ある推論形式が実際に妥当であること（あるいは妥当でないこと）を証明するための方法を工夫する必要があります。そのやり方にはいろいろありますが、ここでは前にも述べたようにベン図を用いた方法をみることにします。ただし、それに先立って定言三段論法における命題の表記法について断っておきますと、定言三段論法では、結論以外では「主語がS、述語がP」とはなりませんので、各命題のA、E、I、Oの区別を表す場合、主語や述語の位置にS、P、Mを明示し、A、E、I、Oの区別は主語と述語の間に小文字で示すことにします。例えば（1）のような推論形式は、図6-2のように表します。

```
   MaP
   SaM
 ∴SaP
```

図6-2

3　ベン図

　さて、「ベン図」の基本は、図6-3のように、**それぞれS、Pに該当するものの領域を表す円を一部交わらせた図**です。これによって、それぞれ、**Sであって**

図6-3

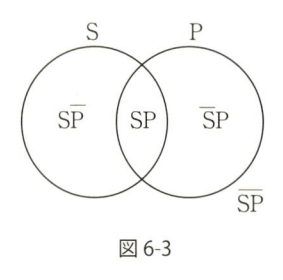

Pでもあるもの（SP）、SであってPではないもの（S$\bar{P}$）、SでなくてPであるもの（$\bar{S}$P）、SでなくてPでもないもの（$\overline{SP}$）を表す4領域を区別できる枠組みを準備します。そのうえで、与えられた前提（入手した情報や仮定）に応じてそれぞれ次のような作業を行います（この作業、およびそれに先立つ命題の書き換えの意味は、例えば、Sを「このクラスの学生」、Pを「英語が得意」などに置き換えて考えてみると理解しやすいでしょう。A命題の場合は「英語科」のクラス、E命題の場合は「英語が不得意な人が集まったクラス」を想定するなどしながら）。すると、できあがり図からそれぞれの主張が読み取れるようになるというわけです。

・A命題は「SであってPでないもの（S$\bar{P}$）は存在しない」という主張とみなせますから、**S$\bar{P}$の領域を斜線で消して**そこには該当する事物が何もないことを示します（図6-4）
・E命題は「SであってPであるもの（SP）は存在しない」という主張とみなせますから、**SPの領域を斜線で消して**そこには該当する事物が何もないことを示します（図6-5）
・I命題は、「SであってPであるもの（SP）が存在する」という主張とみなせますから、**SPの領域には何か該当する事物が存在することを示す印＊をつけます**（図6-6）
・O命題は、「SであってPでないもの（S$\bar{P}$）が存在する」という主張とみなせますから、**S$\bar{P}$の領域には何か該当する事物が存在することを示す印＊をつけます**（図6-7）

このように、どんな情報にも対応できるように準備した同一の基本図から出発し、与えられた情報に応じて「この領域に該当する事物は絶対に存在しな

ベン図

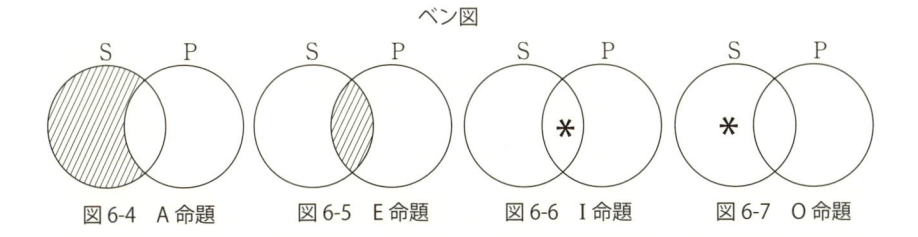

図 6-4　A 命題　　図 6-5　E 命題　　図 6-6　I 命題　　図 6-7　O 命題

い」とか「この領域に該当する事物は必ず存在する」ということを示す印を書き込むことによってそれぞれの主張の違いを明確にしようというのがベン図の発想であり、どのタイプにも一律に対応できるのが長所です。ただし、A 命題と E 命題の描き方についてはピンとこないという人が少なくないようですので、別の角度から補足説明をしておきます。「すべての S は P である」ということは、「すべての人間は動物である」の例でわかるように、「S のグループのメンバーはすべて P のグループのメンバーでもある」ということですから、図 6-4(2) のように、S 全体が P の一部として含まれる図を描けばわかりやすいでしょう。同様に、「すべての S は P でない」ということは、「すべての人間は植物でない」の例でわかるように、「S のグループのメンバーはどれも P のグループのメンバーではない」ということですから、図 6-5(2) のように S 全体が P のグループから排除されている図を描けばわかりやすいと思います。ところで、**図 6-4 は当初想定された S の可能性のうち P でない部分を消去することによって、また図 6-5 は当初想定された S の可能性のうち P である部分を消去することによって、それぞれ図 6-4(2)、および図 6-5(2) と同じこと**を表すことになるわけです。

こうして、できあがり図（図 6-4〜6-7）からは、それぞれの主張の違いが明らかに読み取れることになりますが、それだけ

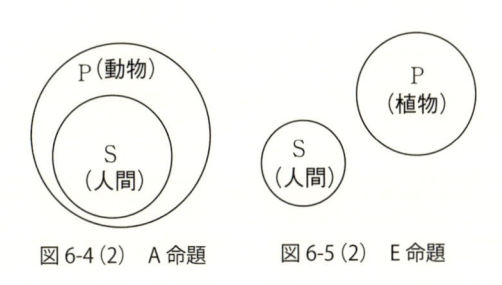

図 6-4(2)　A 命題　　図 6-5(2)　E 命題

3　ベン図　53

でなく、「AとO」および「EとI」が矛盾の関係にあること、すなわち、一方が真の場合他方は必ず偽になること（逆に、一方が偽の場合他方は必ず真になること）も一目瞭然となります（なぜなら、これらはそれぞれまったく同一の領域に関して、一方がそこに含まれるような事物は存在しないと主張するのに対して、他方は少なくとも一つは該当する事物が確実に存在すると主張するからです）。

ところで、このベン図からは「矛盾」以外の関係、（例えば、Aが真ならEは偽であることやIは真であること）を読み取ることは困難です。AとEやIでは共通の領域への言及がないからです。しかし、「SであってPでないもの（S$\bar{P}$）は存在しない」ということは、当然、「SであってPであるもの（SP）は存在する」、ということを意味するはずだ（先ほどの例でいうと、「このクラスの学生で英語が得意でない人は存在しない」ということは当然、「このクラスの学生で英語が得意な人が存在する」ことを意味するはずだ）、と考えて、A命題の場合にSPの領域に存在の印＊を加える（同様に、E命題の場合には$\overline{SP}$の領域に存在の印＊を加える）という操作を行えば、先ほど検討したすべての関係が読み取れるようになります（前述の例で確かめてください）。こうして得られる新たなベン図をベン図（2）として改めて掲げておきます（図6-8〜6-11）。

では、なぜ最初からこのような描き方をしなかったのかというと、実は全称命題の意味、ないし主張内容について2つの異なる考え方があり、現代の論理学者たちは普通、先のベン図のような考え方を取っているからです。すなわち、伝統的な、そして多くの人にとって常識的な（？）考え方では、全称

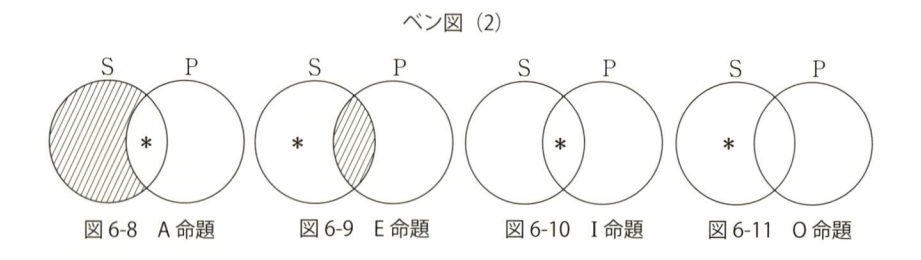

ベン図（2）

図6-8　A命題　　図6-9　E命題　　図6-10　I命題　　図6-11　O命題

命題は主語で表される事物が存在することを暗黙のうちに前提していると考えるのですが（＝ベン図(2)の立場）、現代の論理学者たちは普通、**全称命題が共通に主張するのは、主語で表されるもの（S）が何かあるとすればそれらはすべて述語で示されるような性質（P）をもつはずだという、主語と述語の関係だけ**であって、主語で表される事物の存在自体を直接に断言してはいないと解釈した方がよいというのです（＝先のベン図の立場）。この趣旨は、次のような例で考えてみるとわかりやすいでしょう。例えば、「60点未満の者はすべて不合格である」とか「すべてハシカに感染した者は出席停止とする」といったルールがあった場合、「60点未満の点数を取って合格した者は存在しない」とか「ハシカに感染して出席停止にならなかった者は存在しない」ことは断言できますが、「60点未満の成績を取って不合格になった者」や「ハシカに感染して出席停止になった者」が実際に存在するかどうかはわからない、というようなことです。したがって、こうしたケースまで含めて一般的に通用する図を考える場合には最初のベン図の方が適切だというわけです。

このように2とおりの描き方ができるということは、混乱を招きやすいのですが、もともとことば自体に2とおりの使い方がある以上やむをえないことで、その趣旨を理解したうえでそれぞれの文脈に応じて使い分けることが必要になります。

4 ベン図による証明

さて、定言三段論法では3概念が関わるので、基本図も、それぞれ、S、P、Mの領域を表す円を図6-12のように少しずつ交わらせて描きます。これによって、どんな事物や事象でも、3概念との関わりではどの領域に位置するかが明瞭に示せることになるわけです。そのうえで、**大前提による情報はMとPの円に注目しながら書き込み、小前提による情報はMとSの円に注目しながら書き込む**、という作業を行います（ただし、次の点に注意してください。**前提の一方が全**

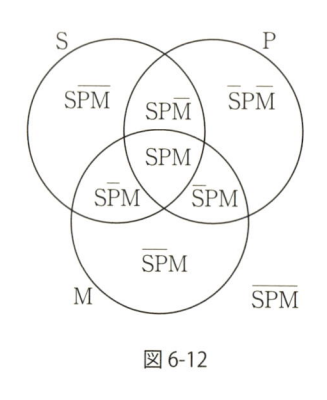

称命題、他方が特称命題の場合には、大前提、小前提の順にかかわらず、**全称命題の方を必ず先に記入する**ということです。その方が記入に際して迷いや誤りが少なくなるからです)。そして、前提はこの2つだけですから、最後にできあがり図のSとPの関係に注目して、そこから**結論の主張が読み取れれば妥当な推論、読み取れなければ非妥当な推論**と判定すればよいということになります。

図 6-12

5 結論が読み取れるか

早速、上記の3例について確かめてみましょう。

(1) すべての動物 (M) は死すべき存在 (P) である　　　　　M a P
　　すべての人間 (S) は動物 (M) である　　　　　　　⇒　S a M
　　―――――――――――――――――――――――――――――
　　ゆえに、すべての人間 (S) は死すべき存在 (P) である　　∴ S a P

〈解　説〉　図6-13の ▨ 部分は MaP という前提によって、また、▨ 部分は SaM という前提によって、それぞれ消去される領域です。そして、**SaP という結論が読み取れるためには** $\overline{SP}$ **の全体、すなわち** $\overline{SP}M$ **と** $\overline{SP}\overline{M}$ **の領域が両方とも消去されている必要があります**。ところで、2つの前提による情報を記入した後のできあがり図を眺めれば、結論部を示した図6-13(2) と対比すればよくわかるように、**それらの領域は両方ともどちらかの前提によって消去されています**ので、それらの領域には該当する事物が何も存在しないこと、つまりこの場合、「人間であって死なないようなものは存在しない」ことが読み取れます。**したがってこの推論は妥当だと判定できる**ということになります。

図6-13

図6-13（2）

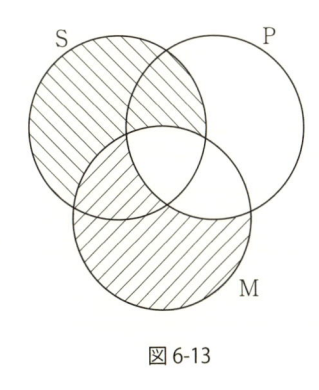

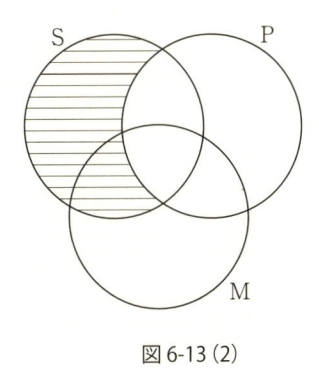

(2) 本当の進歩（P）は人間にとって有害（M）でない　　　　　　P e M
　　ある発明（S）は人間にとって有害（M）である　　　　⇒　　S i M
　　ゆえに、ある発明（S）は本当の進歩（P）ではない　　　　∴ S o P

〈解　説〉　図6-14の ▨ 部分は PeM という前提によって消去される領域です。次に、SiM を表すためには SM のすべて、つまり SPM と $\overline{\text{SP}}$M を合わせた領域の中に何か該当する事物が存在するという印＊をつける必要がありますが、**SPM の領域は既に第一の情報によって消去されています**（該当する事物が何も存在しないことが確認されています）ので、**存在を示す印＊は $\overline{\text{SP}}$M の領域に書き込めばよいことになります**（全称命題はある領域にはいかなる対象も存在しないことを主張します。だからこそ、全称命題の方を必ず先に図に記入することが、考慮すべき範囲を限定してくれるので、望ましいといっ

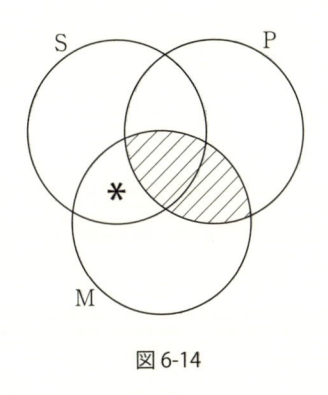

図6-14

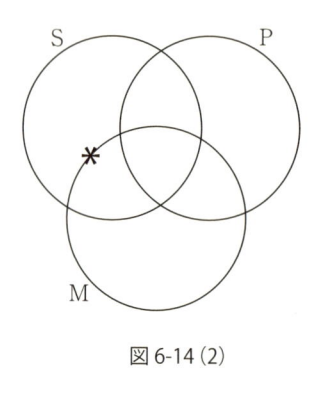

たわけです）。さて、結論の SoP が読み取れるためには結論部を示した図 6-14 (2) のように、SP の全体、すなわち SPM と S$\overline{\text{P}}$M を合わせた領域の中に何か該当する事物が存在することが確認できればよいのですが、いまつけた存在を示す印 * はまさに S$\overline{\text{P}}$M の領域にあるので、この推論は妥当であることが証明されたということになります（なお、図 6-14 (2) で * を SPM と S$\overline{\text{P}}$M の境界線上に置いたのは、どちらかの領域にあればよい、という意味を表しています）。

図 6-14 (2)

(3) すべてのダチョウ (M) は空を飛べ (P) ない　　　　　　　MeP
　　すべてのダチョウ (M) は鳥類 (S) である　　　　　⇒　　MaS
　　ゆえに、すべての鳥類 (S) は空を飛べ (P) ない　　　　　∴ SeP

〈解説〉　図 6-15 の ⟋⟋ 部分は MeP という前提によって、また、≡ 部分は MaS という前提によって、それぞれ消去された領域ですが、**結論の SeP が読み取れるためには SP の全体、すなわち SPM と SP$\overline{\text{M}}$ を合わせた領域全**

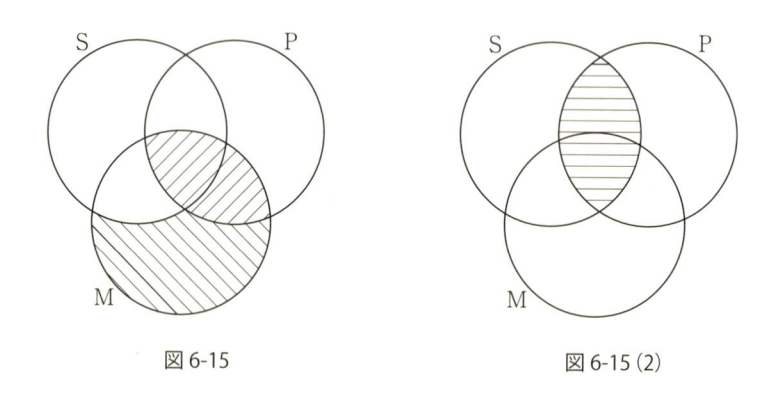

図 6-15　　　　　　　　　図 6-15 (2)

体が消去されている必要があります。しかし実際には、結論部を示した図6-15(2)と対比してみればわかるように、SPMの領域は消去されていますが**S̄PMの領域は空白のままです**（空白ということは、その領域に該当する事物が存在するのかしないのか、何の情報も得られていないということです）。ですからこの推論は、前提によって与えられた情報以上のことを結論で勝手に付け加えているということになるわけで、非妥当な推論ということになります。

　もう一つ、存在の印をつけるべき領域が２つの領域にまたがるケースについて考えてみましょう。

(4) 　　　P a M
　　　　　M o S
　　　　─────
　　　∴ S o P

〈解　説〉　図6-16の ▨ 部分は PaM という前提によって消去される領域です。次に MoS を表すためには S̄M の全体、すなわち S̄PM と S̄P̄M を合わせた領域の中に該当する事物が何か存在するという印＊をつける必要がありますが、そのどちらの領域も他の情報（前提）によって消去されてはいません。かといって、両方の領域にそれぞれ該当する対象が存在するという保証もされていませんので、やむをえず便宜上、両領域の境界線上に存在の印＊をつけておき、以上の趣旨を表すことにせざるをえません（できあがり図から結論を読み取るさいにはこの趣旨を忘れないように注意することが大切です）。さて、以上の結果から結論 SoP が読み取れるかを結論部を示した図6-16(2) と対比して確認すると、S̄P の領域（S̄PM + S̄P̄M）には何ら存在の印＊がついていませんので、こ

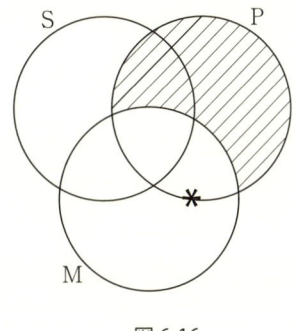

図6-16

5　結論が読み取れるか　59

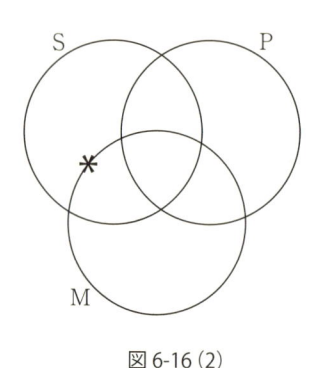

の推論は非妥当と判定できることになります。

図6-16(2)

《6の要点》 CHECK!

○「定言三段論法」は2つの前提双方に主語または述語として登場する概念が一方のみに登場する他の2概念を媒介することによって結論を導く推論形式である

○「定言三段論法」は、「ベン図」に2つの前提の情報を記入したできあがり図から、結論の主張が読み取れれば妥当、読み取れなければ非妥当と判定できる

【問題】

ベン図を描いて、次の推論形式の妥当性を判定しなさい
(②、③では、大前提が特称命題なので、小前提の方を先に記入すること)

① P e M
　 S a M
　∴ S e P

② M o P
　 M a S
　∴ S o P

③ M i P
　 S e M
　∴ S o P

参考　概念相互の関係

　以上、概念相互の関係を利用した推論について考察してきましたので、関連して、概念の性質や相互関係に関する論理的に重要な事柄をいくつか参考として掲げておきます。

・すべての「**概念（ことば）**」は、「**内包**」、すなわちその概念が**適用される対象すべてが共有する性質**（共通性質、意味）と「**外延**」、すなわちその概念が**適用される対象の全体**（クラス）、の2面をもち、それぞれの側面から考察することができます。例えば、「三角形」の内包は「3直線で囲まれた平面図形」であり、外延は「正三角形、直角三角形、一辺が10cmの三角形、一辺が1mの三角形……などのすべての三角形」です。また、「机」の内包は「本を読んだり字を書いたりするための台」であり、外延は「木製の机、スチール製の机、大きい机、小さい机、引き出し付きの机、引き出しなしの机……などのすべての机」という具合です。

・2つの概念があり、一方の外延が他方の外延全体を含む場合、前者を「**上位概念（または、類）**」、後者を「**下位概念（または、種）**」と呼びます。例えば、「動物」は「人間」に対しては上位概念であるが、「生物」に対しては「下位概念」である、という具合です。同様に、「鉛筆」は「赤鉛筆」に対しては上位概念ですが、「文具」に対しては「下位概念」ということになります。

・概念の「内包」と「外延」のあいだには、一般に**内包が増大すれば外延が減少し、外延が増大すれば内包が減少する**という関係が成り立ちます。例えば、「動物」の内包は一般に「運動、感覚の能力を持つ生物」というようなことでしょうが、これに「恒温性で胎生」という内包を加えれば「ほ乳類」というずっと狭い外延をもつ概念ができます。逆に、「成長、生殖、物質交代などの生命活動を行うもの」を一括して考察したいということで「生物」という外延の大きな概念を作れば、「運動、感覚の能力を持つ」という内包がなくなり（もはや「全体に共通する性質」とはいえないの

で)、上記のようなずっと少数の内包だけをもつことになるということです。ですから一般に、**上位概念は下位概念よりも外延が大きくて内包は乏しく、逆に下位概念は外延が小さくて内包は豊かだ**、という関係になるわけです。

・このことは、いろいろな場面で応用することができます。例えば、中学校の数学では、「特別な四辺形」などという項目で、長方形、ひし形、正方形の性質や相互関係などについて考えさせることになっていますが、この場合、①（平面図形→多角形→）**四辺形→平行四辺形→長方形→正方形**という系列、または②（平面図形→多角形→）**四辺形→平行四辺形→ひし形→正方形**という系列、の2系列で、より上位の概念からより下位の概念へという系列を作れることがわかります（それぞれの系列において、各段階ごとにどんな内包が加わるのか考えてみてください）。こうした相互関係をきちんと理解できれば、「正方形は長方形ではない」などという誤解はしないですむはずです（「正方形」は「長方形」の下位概念であり、その特殊な場合として含まれます）。

・ある概念を同じ上位概念（類）に属する他の概念（「**同位概念**」と呼びます）から区別する特性（内包）をその**種差**といいます。例えば、「正方形」を「正方形以外の長方形」から区別する種差は「四辺が等しい」ということであり、「正方形以外の平行四辺形」から区別する種差は「四辺と四角がともに等しい」ということです。そうすると、任意の概念を他の概念から明確に区別して的確に位置づけるためには、その概念の上位概念（類）および他の同位概念との種差を示せばよいことになります。こうした関係を利用して、アリストテレスはさまざまな概念の定義（「**類と種差による定義**」）を行いましたが、「人間は理性的（ロゴス的）動物である」という有名な人間の定義も実はその1つでした。すなわち、この場合、「人間」という下位概念（種）が、「動物」という上位概念（類）、および「理性的」という「種差」を示すことによって定義されているわけです。

人間の思考は「ことば（概念）」を用いて行われ、特に論理が問題となる場面では概念相互の関係が重要な役割を果たしますので、こうした概念の性質や相互関係を正確に理解し使用にさいして留意することは、的確な論理的思考を行うために非常に大切なことです。

7 推論と推測、演繹と帰納

> 推論と推測はどこが違うか、演繹と帰納の長短は何か

1 推測的思考

　いままでは、本当に正しい思考、厳密な意味での推論とはどのようなものかということを理解し、使いこなせるように、さまざまなパターンの推論法則を確認するとともに若干のトレーニングをしてきました。これらは、それぞれタイプは異なりますが、いずれも「前提が真ならば結論も必ず真」であることが保証できる「厳密な推論」でした。ですから、こうしたパターンに従う思考や議論を行っているかぎり、どんな分野のどんなテーマについて考える場合であっても、前提（つまり、もとになる情報）が本当に真であるという確認さえできれば、そこから引き出した結論が真であることが確実に保証されますので、安心して思考や議論を展開できることになります。その意味でこれらは、どんな学問や職業生活においても、また日常生活においても、しっかり理解して活用すべき基本的な思考パターンです。

　しかし一方、日常生活においては、**不確かな情報とか不十分なデータ（根拠）しか与えられていない状況**でも、そのなかでの最善の判断を下し一定の見通しを立てて行動に移すことが求められる場合が少なくありません。むしろ、ある意味ではそうした事態の方が普通だともいえます。では、そうした状況の下で**可能なかぎり適切な推測を行ったり、説得力のある議論を展開するためにはどうし**

たらいいのでしょうか、また、そうした推測をより信頼性の高いものにするためにはどうすればいいのでしょうか。ここではそうした観点から、いままでみてきたような厳密な「推論」とは異なる、しかし新しい知識を獲得したり問題解決の手がかりを得るためには有益とされる「推測」的思考の諸方法やその意義について検討してみましょう。

2 枚挙的帰納

　推測的思考の方法として最も単純でよく知られているのは「枚挙的帰納（または単純枚挙法）」と呼ばれる方法です。これは、互いによく似ていると思われる多くの事例を枚挙し、そこから一定の「法則」的な命題を結論として引き出そうとする思考法です。例えば、「あのカラスは黒い。このカラスも黒い。昨日見たカラスも黒かった。……。ゆえに、すべてのカラスは黒い」と考えるようなケースがそれにあたります。要するに、いままでの経験（調査）において常に成り立っていたことはおそらくすべての事例において（つまり、これから出会う新たな事例においても）同様に成り立つであろう、と考えるような思考法であり、図式化すれば、「S_1はPである。S_2はPである。……。ゆえに、すべてのSはPである」のようになります。しかし、改めてこのように表現してみると、日常的にはよく行われる思考法であることとともに、「推論」としてみた場合には非常に危険であることにもすぐに気がつきます。なぜなら、たとえいままで知られているすべての事例において成り立っていたことであっても、未知の新たな事例においても同様に成り立っているという保証はどこにもないので、引き出された結論が誤りである可能性は常に否定できないからです。つまり、この例でいえば、いつかどこかで黒くないカラスが発見される可能性は否定しきれないということです。実際、同様の思考によって昔のヨーロッパ人たちがもっていた「すべてのスワンは白い」という信念は、オーストラリア大陸の発見によって訂正を余儀なくされました。枚挙的帰納はこのように、有限の

事例（たいていの場合、いままでに経験されたごく少数の事例）について成り立つことを無限の（すべての）事例についても成り立つと主張しようとするものですから、そこには必ず「飛躍（「帰納的飛躍」と呼ばれます）」があり、結論が誤りである危険性は避けられないのです。ですから、とりあえず一定の見通しを得る手段として使用することはできるとしても、「推論」の場合のように結論を断定したりそのまま信じ込んでしまわないように留意する必要があります。

3　類　推

「類推（類比的推理、アナロジー）」と呼ばれる思考法は、2つの事物ないし事象の類似性に基づいて一方から他方を推測するような考え方のことで、図式的には、「S_1 はＰである。S_2 は重要な点において S_1 と似ている。ゆえに、S_2 もおそらくＰであろう」のように表すことができます。日常的な例としては、「先日は強風のために電車が大幅に遅れた。今日も同じくらい強い風が吹いている。だから、おそらく今日も電車が大幅に遅れるだろう」と予想するような場合がそれにあたります。歴史上有名な、そして効果的だった例としては、火星の軌道が円軌道ではなく楕円軌道であることを初めて明らかにしたケプラーが、続けて他の惑星の軌道も確定しようとしたさいの、「火星は楕円軌道を描く。ゆえに、他の惑星も楕円軌道を描くであろう」というような推測を挙げることができます。また、万有引力の法則を発見し地上の物体も天体も同一の原理、法則に従うことを疑う余地のないものとして科学的宇宙像を確立したニュートンの、「地上の物体は地球の引力を受けて落下する。ゆえに、月も地球の引力によって地球の周りを回っているのであろう」というようなアイデアも、科学の発展において重要な役割を果たした類推です。今日の新薬開発にさいしても、「この新薬はネズミの実験で望ましい効果を示し、しかも特に好ましくない副作用は伴わなかった。人間は同じほ乳類であり生理的にはネズミとよく似てい

る。ゆえに、この新薬は、人間に対しても望ましい効果を示し、しかも特に好ましくない副作用は伴わないであろう」と推測するような場面においては、類推が重要な役割を果たしているといえます。

　このように、日常生活においても科学的探究においても類推を活用できる場面は少なくないのですが、類推には大きな危険がつきまとうことにも留意しておく必要があります。なぜなら、**どんな2つの事物ないし事象も、**（一見同じようにみえても）**多かれ少なかれ違いはある**はずであり、まさに問題となる事柄に関して重要な違いがある可能性も否定できないからです。例えば、「水は消火に役立つ。灯油は常温では液体、高温では気体であり、無色透明であるなど、水と多くの共通点をもつ。ゆえに、灯油も消火に役立つであろう」というような類推を行えば、大変危険な結果をもたらしかねません。この場合、燃焼に関して本質的に重要な化学成分が大きく異なることを無視しているので、不適切な類推になるわけです。ですから、こうした危険性を避け信頼性の高い類推を行うためには、**比較される2つのものに共通点が多いことだけでなく、それらが類推される事柄にとって本質的なものであることが大切な条件**となります。しかしそうはいっても、当該の事柄に関して何が本質的かを判断できるためには関連する物事について相当の知識と見通しをもっていることが必要ですから、適切な類推と不適切な類推をあらかじめ厳密に区別したり、不適切な類推を完全に排除することはできません。ですから、類推はやはりあくまでも推測でしかないことを自覚することが必要です。

❹　アブダクション

　「アブダクション」とは、何かこれまでの理論では説明のつかない新奇な出来事が起こった場合、それを説明できる有力な仮説が提出されてそれ以外に有力な仮説がないとすれば多分その仮説が正しいであろう、とするような考え方のことで、図式化すれば、「Aである。Hと仮定すれば、なぜAなのか説明がつく

が、他にそれを説明できる有力な仮説はない。ゆえに、おそらくHであろう」のようになります。日常的な例としては、「昨日A町で5軒の民家の屋根が吹き飛ばされた。近所の家に大きな被害がないことを考えると、これほどの被害の原因は竜巻以外に考えられない。だからおそらく、竜巻が発生したのだろう」と推測するような場合がそれにあたります。科学における新発見に貢献した有名な例としては、海王星の発見にまつわるエピソードを挙げることができます。18世紀末の観測によって天王星が発見され、その軌道が詳しく計算された後に、ルヴェリエは「天王星の運動は計算上の軌道から微妙にずれている。このずれは、天王星の外側に未知の惑星があって影響を与えていると考えないと説明がつかない。だから、天王星の外側にもう1つ惑星があるはずだ」と考えて未知の惑星の存在を予言しました。そして実際にほぼ予言どおりの位置に新たな惑星が発見されて海王星と名づけられることになったわけです。こうした例からもわかるように、アブダクション的思考は、特に出来事の「原因」の発見などのために有力なやり方です。しかし天体の運動のように考慮すべき要因が非常に限られている場合は別として、実際にはまったく別の事情によって当該の事象が起こったことがわかる可能性も否定できないのですから、やはりこれも1つの推測にすぎないことを自覚する必要があります。

⑤ 演繹と帰納

　以上の例からもわかるように、「推測」的思考は普通、与えられた前提から結論を引き出すという狭い意味での論理的思考として行われるのではなく、知識成長や問題解決という実践的課題を解決するための思考の一環として行われます。ところで、こうした実践的課題を解決するための有力な思考法としてよく挙げられる「演繹法」と「帰納法」は、実は、いままで推論や推測の例としてみてきた思考展開とそれぞれほぼ対応します。そこで今度は、こうした実践的思考法という観点から、演繹と帰納それぞれの特徴や長短について考えてみ

ることにしましょう。なお、「演繹」ということばは、純粋に論理上の問題を考えるさいには「妥当な推論」とほぼ同じ意味で用いられることもあるのですが、実践的思考法として論じられるときには、主として「普遍的原理を特殊ないし個別的事例に適用するような思考展開」といった意味合いで用いられます。他方、「帰納」ということばは、「推測」的思考一般を広く表すような使い方をされることもありますが、こうした対比においては主として「個別ないし特殊的事例から普遍的原理を推測するような思考展開」といった意味で用いられます。ですからここでは、そのようなものとして両者を対比しながら考えていくことにします。

まずそれぞれの典型的な例を3個ずつ挙げてみましょう。

《演繹例》

① すべての人間は死すべき存在である

　ソクラテスは人間である
　―――――――――――――――――
　ゆえに、ソクラテスは死すべき存在である

② すべての金属は電気の良導体である

　このアルミ箔は金属である
　―――――――――――――――――
　ゆえに、このアルミ箔は電気の良導体である

③ すべての三角形の内角の和は2直角である

　この三角形の∠Aは50°、∠Bは60°である
　―――――――――――――――――
　ゆえに、この三角形の∠Cは70°である

《帰納例》

① あのカラスは黒い
　このカラスは黒い
　　　　　⋮
　―――――――――――――――
　ゆえに、すべてのカラスは黒い

② ソクラテスは死んだ
　プラトンは死んだ
　アリストテレスは死んだ
　　　　　⋮
　―――――――――――――――
　ゆえに、すべての人間は死すべき存在である

③ 銅は電気の良導体である
　銀は電気の良導体である
　金は電気の良導体である
　　　　　⋮
　―――――――――――――――
　ゆえに、すべての金属は電気の良導体である

　このように、「演繹」の代表格として定言三段論法、「帰納」の代表格として枚挙的帰納を取り上げて両者を対比してみると、その対照的な性格がよくわかります。以下、4点にまとめてみます。いままでみてきたように、①**演繹が普遍から特殊（ないし個別）への思考展開であるのに対して、帰納は逆に特殊（ないし個別）から普遍への思考展開です**。そのことと関連して、②**演繹は「前提が真なら結論も真」という必然的推論であるのに対して、帰納は「おそらく……であろう」という蓋然的推測にとどまり結論は不確かです**。

　このように、前提から結論への思考展開という狭い意味の「論理」としてみるかぎり、帰納が演繹のような確実性・信頼性をもたず、それに劣ることは明らかです。ですから、学問的な議論においては帰納は使えない、などという主

張もあったほどです。しかし、知識成長や問題解決のための思考の一環としてみると、また別の側面が浮かび上がります。

③**演繹が（論理的な意味で）新しい知識・情報をもたらさないのに対して、帰納は新しい知識・情報をもたらします。**なぜなら、演繹が「前提のみから」結論を導出するということは、**演繹の結論は諸前提に潜在的に含まれていた内容を結合したり言い換えた以上のものではない**ことを意味するからです。例えば、例①で「すべての人間は」というときには、明言されてはいないとしても「ソクラテスであろうとだれであろうと」という意味が既に含まれているのであり、結論ではたまたまそれを「ソクラテス」に即して言い直したにすぎないともいえるわけです。「三角形」の場合も同様で、「すべての三角形」にあてはまることは当然「この三角形」に対してもあてはまるはずであり、だからこそ確実な結論が導き出せるということです（関連していえば、数学的知識が確実なものとして信頼されるのはその「証明」が演繹的推論によるからですが、まただからこそ、数学それ自体は自然や社会などの現実世界に関して何ら新しい知識をもたらすものではないともいわれるわけです）。これに対して、帰納の結論が不確実なのは前提以上の内容を主張し新たな情報をもたらすからであり、だからこそ知識発展のためには帰納的思考が不可欠だ、ともいえるわけです。

④**帰納の前提である単称命題の真偽が観察等によって直接確かめることができるのに対して、演繹の前提である普遍的命題が真であることは経験によって直接確認することができません。**ですから、帰納の優位を主張する論者はしばしば、演繹の前提は、独断的な主張でないとすれば、過去の観察等に基づく帰納の結果を利用しているにすぎないと指摘し批判してきました。つまり例えば、「すべての人間は死すべき存在である」という主張がなぜ真だといえるのかと問われた場合、「それが人間の、あるいは動物一般の本質だから」というような独断的な主張をするのでないとしたら、帰納例②のように、過去の経験に基づき、「Ａさんも、Ｂさんも、どんなに長生きした人も、丈夫だった人も、惜しまれた人も、例外なく死んだ」というような観察に基づく帰納の結果だというしか

ないだろう、ということです。演繹例②の「すべての金属は電気の良導体である」のような命題の場合、このことはいっそうはっきりするでしょう。金属がどんな性質をもつのかは個別の金属についての膨大な実験や観察の後でなければわからないはずだからです。その意味で、この前提も帰納例③のような帰納的思考の結果として初めて確立される普遍的命題であり、演繹例②のような応用的な推論はそれを利用して初めて可能になるのだというわけです。

　主として帰納の優位を主張する論者によってなされた③、④の指摘には、確かに重要な問題が含まれています。ですから、知識の源泉は個別的な観察・実験以外にないという経験主義的な科学観[4]に立つ多くの哲学者や科学者が、これからの科学にとっては帰納の方が重要だと考えたのも当然でした。しかし、このような指摘や批判にも誤解や行きすぎがあります。例えば、③の論点に関しては、演繹には確かに論理的な意味での新しさはないにしても、心理的な、すなわち人間の認識にとっての新しさ、ないし発見はありうるのであり、だからこそ、数学において計算や証明が重要であり、またコンピュータによる「情報処理」が役に立つのだ、というような反論をすることができます。また、④の論点に関しては、前提が真であるという保証があることはもちろん望ましいことですが、確実に真であるという保証がない場合も含めて、前提から確実に引き出せることは何かを確認することは重要な意味をもち、相手の主張の矛盾を指摘したりさまざまな仮定や仮説のなかから最善のものを選択決定するためにも不可欠だ、というような反論が可能です（例えば、「A案でいくと確かに一定の効果が期待できるが重大な問題が発生するおそれもある。だから、B案の方が望ましい」と論じるような場合がそうです）。それはともかくとして、演繹と帰

---

[4]　近代初期の哲学においては、人間の知識の源泉は何かという問題をめぐって、「理性主義」と「経験主義」が対立しました。デカルト、ライプニッツらの理性主義者が数学をモデルとして、学問は確実な真理でなければならないと考え、演繹を重視し、知識の源泉は理性だと主張したのに対して、ベーコン、ロック、ヒュームらの経験主義者はどんな知識も最初は感覚的経験によらなければ獲得できないと考えて、帰納の優位を主張しました。

納にはこのようにそれぞれの長所や限界がありますので、それらを理解し課題や目的に応じて適切に使い分けることが大切です。特に、「新しくて、しかも確かな知識や判断」が求められる科学や職業生活においては、両者をうまく組み合わせて使いこなすことが必要になります。

《7の要点》 CHECK!
○推測的思考には、枚挙的帰納、類推、アブダクションなどのパターンがある
○どんな推測的思考も厳密な推論のような確実性はもちえない
○「演繹」と「帰納」を実践的思考法としてみた場合、演繹は確実だが新たな情報をもたらさず、帰納は新たな情報をもたらすが不確実というように、対照的でそれぞれに長所と限界があるので、使い分けが必要である

【問題】
枚挙的帰納、類推、アブダクションそれぞれに該当する推測的思考の例を挙げなさい

8 知識成長・改善と論理

> 知識の成長や改善のために論理をどのように活用できるか

　さて、以上みてきた推論や推測の諸方法、また、演繹や帰納という実践的思考法は、新しい知識の獲得や問題解決という課題のためにどのように役立てることができるのでしょうか。ここではまず、科学的知識の成長の道筋を確認したうえで、知識成長のために論理がどのように活用できるかということを考えてみましょう。

1 法則や理論の役割

　科学においては、観察や実験による個別的事実の確認が大切であることはいうまでもありませんが、ある意味ではそれ以上に、法則や理論と呼ばれる普遍的な命題が大事な役割を果たしています。それは、自然界の事物や事象全体を体系的・統一的に把握したいという理論的関心による面もありますが、**科学に対する実際的な期待である、（起こった出来事の）説明、（起こるであろう出来事の）予測、（自然に働きかけるための）応用のすべてにおいて、こうした普遍性のある知識が必要**だからでもあります。例えば、今朝の路面の凍結を説明するためにも今晩は凍結しないことを予測するためにも水道管が破裂しないように予防するためにも、「水は0℃以下では凍る」という同じ知識が利用されますが、このように異なった状況で同じ知識が使えるのは、あの水もこの水も、過去も未来も含

73

めて、「水」は常にこれこれの性質をもつという普遍的な規則性があると考えるからです。もし、場面ごとに水は異なった性質を示すかもしれないと考えたなら予測や応用は不可能になってしまいます。こうした簡単な考察からも科学において普遍的・法則的な知識が重要なことは確認できるのですが、法則や理論は、普遍性の度合いが高まれば高まるほど多様な事象に対して広範で一律に適用でき、自然を少数の原理で把握することができるようになります（水の凝固だけに関する法則よりも液体一般の凝固に関して成り立つ法則の方が適用範囲がずっと広くなります。惑星の運動だけに関するケプラーの法則や地上の物体だけに関するガリレイの法則よりも、天体も地上の物体も含むあらゆる物体の運動を説明できるニュートンの「万有引力の法則」の方が、はるかに進んだ法則として評価されるのも当然です）。ですから、科学が進歩するとは、主としてこのようにいっそう包括的で普遍的な法則や理論が確立されていくことだともいえるわけです。

❷ 法則や理論の仮説的性格

　ところで、このように普遍的な命題である法則や理論は、帰納のところでもみたように、観察や実験などの結果に基づくものであるかぎり、最終的な真理性を保証することはできません。観察や実験それ自体は過去の特定の時間と場所においてなされた特定の出来事にすぎないので、それらをどんなに集めても、有限で、しかも未来に及ばないデータにしかなりえないからです。ですから、**法則や理論とは、多くの経験的根拠に基づいているにしても結局は何らかの推測的思考によって立てられた普遍的命題といわざるをえず**、いつか新たな根拠（実験・観察の結果）によって覆されるかもしれないという「仮説」的性格を、永遠に免れないということがわかります。

３ 仮説の確証と反証

　しかし、それではどうして、科学の法則や理論は一般に確かなものとして信頼され、また実際、だれが実験してみてもそのとおりの結果が得られるのでしょうか。その答えはおおよそ次のようなことになると思われます。

　科学の法則や理論として認められている命題は、当然ながらいままでさまざまな状況・条件のもとで多様な観点からの厳しいテスト（観察や実験）に耐え続けてきただけでなく、これからもいろいろな場面で、いろいろな形で利用される一方で、新たな状況の下での新たな角度からの厳しいテストにさらされることになります。ところで、**テストによって仮説から予想されたとおりの結果が得られた場合にはその仮説が「確証」されたといわれ、仮説に反する事態が起こった場合には「反証」されたといわれます**が、反証されてしまった場合には法則や理論としての身分をそのままもち続けることはできません。もちろん、そうしたテストの方に不手際があったり誤った報告がなされたという可能性も否定できませんから、一度や二度の反例の出現で直ちに法則や理論が否定されるとはかぎらず、入念な実験や観察を行い慎重な検討が繰り返されるでしょうが、結局は修正されたり新しい法則や理論（仮説）に置き換えられるということは珍しくありません。むしろ、科学のあらゆる分野において繰り返し起こった出来事だといえます。こうしてみると、現在法則や理論として通用し教科書にも載っているような命題とは、現在にいたるまで無数の科学者たちのあらゆる角度からの厳しい吟味や批判にさらされ改善されてきた結果ないし到達点であり、少なくとも現時点ではどんな事実によっても反証されることはないとみなされている命題だということになります。だからこそ、原理的には推測の結果であり一つの「仮説」でありながらも、もはや容易なことでは覆されることのない、信頼できる普遍的命題だと考えることができるのです。

4 誤りから学ぶ

　このような、仮説の設定（推測）、テスト、確証（または反証）、第二の仮説という知識成長の過程を図式化すれば、おおよそ次のようになるでしょう。

```
                (帰納)        (演繹)         (観察、実験)        (帰納)  確証
問題  ─────→  仮説  ─────→  予測  ─────→  テスト  ─────→
                                                              (演繹)  反証（次行へ続く）

          (帰納)         (演繹)         (観察、実験)         (帰納)  確証
       ─────→  仮説2 ─────→ 予測2 ─────→ テスト2 ─────→
                                                              (演繹)  反証（次行へ続く）

          (帰納)
       ─────→  仮説3 ……
```

図 8-1

　この図式が意味するのは次のようなことです。

　科学では、従来の理論に疑問が生じた場合、あるいは従来の理論では説明のつかない事象が発見された場合（「問題状況」の発生）、まずとにかく問題解決につながりそうな考え方をあれこれと模索しアイデア（仮説）を提出する必要があります。この段階では明確な見通しは与えられていないのですから、あらゆる手がかりを利用し想像力を働かせながら何とか有望そうな仮説を作り上げなければなりません。これは当然、既知の事柄から一義的・演繹的に導出できることではありませんから、広い意味での帰納（推測的思考）が必要ということになります。

　しかし、何とか有望そうな仮説が得られたとしても、それがそのまま正しいという保証はありません（日常生活では、「名案」を思いつくとそれをそのままいつまでも信じ込んでいる場合が少なくありませんが）。ですから多面的なテストによって厳しくチェックする必要があります。ただし、普遍的命題である仮説をそのままテストすることはできませんので、その仮説から当然導かれるはずのテスト可能な具体的事象を予測し、それに即してテストする必要があります。

この予測を導く段階では演繹的思考（推論）が大切になります。なぜなら予測は仮説の当否を判定する役割を担っているので、具体的で客観的に観察可能なものでなければならないことはもちろんですが、同時にその仮説から必然的に導出されるものでもなければならないからです。そして、実際にその予測された事象がそのとおりに実現されるか否かを確認する作業が実験や観察によるテストということになります。

　さて、テストの結果が予測どおりであった場合、その仮説は確証されたといわれますが、この**「確証」は決して「証明」ではない**ことに注意が必要です。なぜなら、一回や二回のテスト、あるいは何万回のテストに合格したとしても、法則や理論が含む無限の事例すべてを確かめることはできないので、完全な保証は不可能だからです。その意味で、「確証」は一種の推測であり広義の帰納ということになります。これに対して予測に反する結果が生じた場合、すなわち**反証の場合は、理論上たった一回の事例でもその仮説の誤りを「証明」できます**。なぜなら、ある事柄が普遍的に成り立つとする主張はたった一つの例外も許さないので、前に「矛盾」のところで述べたように[5]、反例の存在を主張する命題が間違いなく真であることが確認されれば、もはや「法則」としては通用しなくなるからです。そしてその場合、当然ながら反証された仮説に代えて、問題の事象をもっとうまく説明できそうな、しかも先ほど反証をもたらした事例にも反証されないですむような、第二のよりよい仮説が（何らかの推測的思考、すなわち広い意味での帰納によって）改めて探究されなければならないことになるわけです。

　もちろん、第二の仮説もやはり推測の結果であり最終的な真理という保証はないのですから、同様にして、予測、テスト、確証または反証、反証の場合には新たな仮説の模索……という過程が展開されることになります。そして、実

---

[5] 46 ページ参照。「確証」を「証明」とみなせば「Ⅰ 真。ゆえに A 真」という非妥当な推論になってしまうのに対して、「反証」の場合には、「0 真。ゆえに A 偽」という妥当な推論になるので、「演繹」的な確実性をもつわけです。

4　誤りから学ぶ

際上もはや反証例がみつかりそうもない、あるいはすべての科学者を満足させるという段階にいたるまで同様の過程が繰り返されることになるでしょう。**科学は、このようにして考えられるかぎりのあらゆる事例に対して例外なく適用できる普遍的な法則や理論を追求し、「誤り（反証）から学び」ながら理論や法則の改善を図り続ける営み**として理解することができるのであり、だからこそ人間がその時点でもちうる最も信頼できる知識としての評価を獲得できたのだと考えられるわけです[6]。

5　科学における具体例

では、科学的知識の成長において、このような「誤りから学ぶ方法（または「推測と反駁の方法」）[7]」がどのように活用しうるか、また実際に活用されたかを、2つの事例によって確かめてみましょう。

〈例①〉
あなたが、「水は常に100℃で沸騰するはずだ」と主張したところ、友人に「いや、私がある山頂で水を沸かしたところ、95℃くらいで沸騰した。だから、あなたの主張は間違っているのではないか」といわれたとします。そこであなたは「ひょっとすると水の沸点は気圧によって変わるのではないか」と考え、実際に確かめることにしました。そのさいの思考や確認作業を図式的に示すと次のようになります。

---

[6] ここで述べた科学的知識のあり方については、「(参考) 科学は確実か」を参照してください。この文章は、拙著『人間理解の基礎』からとったものですが、高校入試問題としても利用された（平成18年度、神奈川県）ものですので、理解しやすいと思います。

[7] 「誤りから学ぶ方法（または「推測と反駁の方法」）」という名称はポパーという哲学者の呼び方であり、この項目は主として彼の考えに沿って説明しているのでこの名称で呼んでおきますが、一般的に「仮説演繹法」として知られている方法もこれに近い考え方だといえます。

「水の沸点は気圧が低くなるにつれて低くなる（A）」
→「気圧の低い3000m級の山の上で水を沸かせば100℃以下で沸騰するだろう（B）」
→「実際に3000m級の山に登ったときに水を沸かしてみた（C）」
→「90℃程度で沸騰するのを確認した（D）」

〈例②〉
ガリレイは「重いものは軽いものより速く落下する」というアリストテレス以来の常識に疑問をもち、実際に確かめようとしました。そのさいの思考や確認作業を図式的に示すとおおよそ次のようになります。
　「重いものは軽いものより速く落下する（A）」
→「高い所から重い物体Aと軽い物体Bを同時に落下させれば、AはBよりも早く地上に到達する（B）」
→「ピサの斜塔を利用して実際にAとBを同時に落下させた（C）」
→「AもBもほぼ同時に地上に到達した（D）」
→そこで「物体の落下速度は重さにかかわらず一定である（E）」と考えるにいたった

【問　題】
例①、例②それぞれにおける（A）、（B）、（C）、（D）、（E）は先に示した「知識成長過程の図式」においてそれぞれどの段階にあたるかを述べなさい

6　普遍と特殊、理論と事実との循環

以上みてきたような知識成長の筋道としての**「誤りから学ぶ方法（推測と反駁の方法）」**は、単純な演繹や帰納とは異なって、単に与えられた前提から一定の結論を引き出す（推論ないし推測する）ことだけを目的とするような純粋に論

理的な思考法ではありません。そうではなくて、前提となる理論（仮説）自体の真理性を仮定せず、本当に納得でき、いっそう真理に近い理論を手に入れるために、**理論と事実とを突き合わせ、仮説の正しさをテストし、誤りがあれば改善を図る**（現実からのフィードバックを受ける）ための仕組みを内部に組み込んでいる**実践的な思考法**だといえます。そしてそのために、「普遍（仮説）から特殊ないし個別（予測、テスト）へ」、また、「特殊ないし個別（確証ないし反証）から普遍（反証の場合は第二の仮説）へ」、と思考の循環を重ねています。また同時に、「推論や推測という論理的思考」と「観察や実験という実践的活動」の循環をも重ねています。そのことによって、「理論」は多くの「事実」の裏づけをもち簡単には否定されないしっかりしたものとなる一方で、次第に普遍性を高め、多様な事象に広く適用できる応用力の豊かなものとなることができるわけです。こうしたことからも、**知識の成長・改善における「普遍と特殊（個別）」、また「理論（思考）と事実（活動）」の有機的結合と循環の重要性、有効性**が理解できるでしょう。

　また実は、こうした考え方・やり方は、科学的知識の成長、進歩のためだけではなく、職業生活や日常生活においても大変重要であり有効に活用できるはずです。なぜなら、日常生活においては、過去のわずかな経験に基づいて形成された自分の信念や思い込み（固定観念や先入観）が本当に一般的に通用するものかどうか吟味しないまま（あるいは、往々にして明らかな反例がみつかってさえ）持ち続ける人が少なくありませんが、これでは進歩がないだけでなく、誤解や偏見、トラブルの種になるだけです。そうではなく、この考え方を応用して、**日頃の自分の考えが本当に妥当なものかを具体的な多くの事例に適用して確かめ（テストし）、それでは説明がつかないとか望ましくない結果をもたらしてしまうと思われる事例がみつかったならばそれに固執せず、ひょっとしてもっとましな考え（仮説）はないか、あるいは別の人の意見の方があたっているのではないかと吟味する習慣を身につければ**、単純な誤りや偏見を免れ、自分の知識や人間理解を深め、より適切なものへと改善できるはずだからです。このように、ある理論（考え）

が本当に普遍性があるか否かをいろいろな角度からチェックしてみる（例えば、自分だけでなく周りの人も、あるいは日本人だけでなくアメリカ人や中国人も、あるいは現代人だけでなく昔の人や未来の人も、自分のこの意見に賛成してくれるだろうかなどと想像してみる）ことは、自分の考えを深めたり他人の発言の真意を理解して賛否の判断を下そうとするさいに、多くの場合大切で有効な方法です。人間は、神のように全知全能ではなく、未来を完全に見通すことはできず、誤りやすい存在にすぎません。ですから、科学理論も含めて、絶対的・最終的な真理とか最善で唯一の解決策といえるものを獲得することはたいていの場合不可能ですが、このような人間が知識を成長・発展させたり問題解決を図っていくうえで、「誤りから学び」一歩ずつ進歩・改善を図るというこの方法は、多くの場合最も有効で現実的な方法だといえるでしょう。

《8の要点》 CHECK!
○科学では、法則や理論という普遍的命題が重要である
○こうした普遍的命題は観察や実験による保証を超えた内容を含むので永遠に仮説的な性格をもつ
○しかし、法則や理論が常に厳しいテストにさらされ、反証された場合には新たな法則や理論に置き換えられることによって、科学的知識は絶えず成長しいっそう信頼しうるものとなることができる
○一般に、知識成長・改善のためには、こうした普遍と特殊（個別）、理論と事実の有機的結合と循環が大切である

参考　科学は確実か

　現代の人間生活に大きな影響を与えており知識の代表ともいえる科学について、それは完全に保証された確実な真理であり無条件に信じるべきものなのかということを考えてみましょう。
　知識や情報が信頼されるためにはだれかの直接的経験による裏づけが必要です。特に確かさが要求される科学では、公共的で反復可能な観察や実験による根拠づけが求められます。しかし、どんな観察も、受け取った感覚的な刺激をそのままことばで忠実に再現するというような機械的・受動的なものではなくて、必ず何らかの主体的な意味づけを伴い理論に依存します。そして、理論や概念自体も、科学の進歩や変化とともに大きく変わります。そうだとすると、観察データや実験結果の報告とされるものも、そのまますべての科学者が共通の土台とすべき客観的な事実だとか、時代を超えてあらゆる理論の根拠づけや真偽判定に用いることのできる絶対的な規準だとはみなせないことになります。このように考えてみると、科学的知識を根拠づけるものとして不可欠な観察や実験でさえこのように絶対的なものではないのですから、それだけでも、科学が保証済みで永遠不変の確実な真理とはいえないことがわかります。
　ところで、科学ではこうした観察や実験による個別的事実の確認よりも、むしろ法則や理論と呼ばれる普遍的な（ある種の事物や事象に関して、例外なく一般的に成り立つことを主張する）言明の方が大事な役割を果たしています。それは、自然界の事物や事象をバラバラにではなく全体を関連づけて統一的に把握したいという科学の理論的要求にもよりますが、科学に対する実際的な期待である、（起こった出来事の）説明、（起こるであろう出来事の）予測、（自然に働きかけ望ましい出来事を引き起こすための）応用のすべてにおいて、こうした普遍的な知識が必要だからでもあります。例えば、今朝の路面の凍結を説明するためにも今晩は凍結しないことを予測するためにも、「水は0°C以下では氷になる」という一般的な知識が使われ

ますし、水道管が破裂しないように保温したり水を抜いたりして予防するのも同じ知識に基づいています。つまり自然界には、あの水もこの水も、過去も未来も含めて、「水」は常にこれこれの性質をもつ、という普遍的な規則性があると考えるからこそこのように異なった状況で同じ知識が使えるわけであり、それぞれの場面ごとに水は違った性質を示すだろうと考えたなら、予測や応用は不可能になってしまいます。

　このように、科学が有効な知識であるためにも普遍的な法則や理論は欠かせないのですが、そのことによって、科学が証明済みの真理とはいえないことがいっそうはっきりします。なぜなら、観察や実験（一般に、経験）が直接教えるのは特定の時間と場所における特定の事実にすぎないので、それらをどんなに積み重ねても法則が主張する無限の事例について確かめることはできないからです。例えば皆さんが学んだ、「水は水素と酸素に分解される」とか「回路を流れる電流は電圧に比例する」という知識にしても、すべての水の分子を分解して確かめることはできませんし、電圧や電流の強さはいくらでも変えられるのですから、たった1つの回路についてさえ実験によって完全に確かめることはできないはずです。まして、人間は未来の出来事をあらかじめ経験することはできない、ということを考えれば、未来の事例をも含めて一般的に成り立つと主張する法則は、理屈からいってももともと完全には確かめようがない、経験による裏づけを超えた主張だということが明らかになります。

　しかし、このことがなぜ問題になるのでしょうか。水素と酸素の化合物でない水が将来発見されることがありうる、とでもいうのでしょうか。皆さんはこのような疑問をもつかもしれません。確かに、いままでの経験もこれからの経験も質的に変わらない（未来は過去に似る）という保証があれば、多少サンプルが少なくともいままでの経験に基づく法則や理論に大きな狂いはないでしょう。しかし、通常の人間の経験は非常に限られており、狭い経験に基づいて築き上げられた理論（思い込み）はしばしば大きな誤りをおかします。わずか500年ほど前には、地球が丸いことや夜の来ない一日（白夜）があることは、ほとんどの人にとって信じられないことだったでしょう。日頃見慣れている水でさえ、熱帯地方の人々にとっては、それが雪や氷の形を取りうるとは想像できなかったに違いありません。このように、同

じものでも状況によって非常に違った姿や性質を現す場合がありますので、均質的な経験だけに基づいて立てられた理論や法則に重大な誤りや限界が発見される可能性は否定できないのです。

　実際、科学で実験が重視される理由の1つは、物質を普段とは違う条件の下に置いて、その物質についていままで知られていなかった性質を知ろうとすることです。近代科学が始まろうとする時期に将来の科学に対する鋭い洞察と期待を表明したベーコンという人は、自然の外側をなでまわすような（偶然の）経験と対比し、自然の内側に入り込み「拷問にかけて」その秘密を暴き出すような経験などともいって、意図的な実験の重要性を強調しています。その後、特に近年の実験装置や観測機器の開発と精密化は目覚ましく、今日では超高温や極低温、超高圧や真空など、さまざまな、そして極端な条件の下での物質の振る舞いも調べられるようになりました。宇宙の果てやミクロの世界の様子についても、続々と新しい知見が得られました。このように、いままでとは質的に異なる経験が可能になると、従来の理論では説明しきれない、あるいはそれと矛盾する事実がしばしば発見されるのは当然です。その場合、普遍的な真理であろうとする理論や法則は、当然、全面的にか部分的にかは別にして、修正され書き換えられなければならないことになるわけです。

　以上みてきたように、科学は経験的根拠づけをほかのどんな知識よりも自覚的・精力的に追求してはいますが、完全な保証を得ることは原理的に不可能です。ですから、科学を証明済みで変更の余地のない絶対的な真理のようにみなすのは誤りです。実際に、科学の歴史をみても、どんなに素晴らしい理論であっても、実はその当時に経験可能なかぎられた条件、かぎられた範囲のなかでだけ成り立つ理論だということが後日判明し、新しいより優れた（より普遍性のある）理論に置き換えられるということが、あらゆる分野で繰り返し起こりました。むしろ、それが科学の進歩の基本的なあり方であり、また進歩ということの意味だともいえるわけです。

　ただし、このことはもちろん、科学が根拠のはっきりしない無責任なうわさ話や一方的な宣伝と同じようなものだということではありません。こうしたうわさ話や宣伝では、経験的に確かめようがない主張、あるいは特定の超能力をもつ人だけが知りうるとされる「絶対的真理」に固執したり、誤りの指摘があっても耳を貸さずに自分に都合のよい根拠だけを挙げて主張を守り通そうとする傾向がみられます。

これに対して科学では、いずれ人間が何らかの合理的な（納得できる）方法で確かめることができると期待される範囲のことだけを問題にします。しかも、実験などによって誤りが判明すれば、どんなに権威のある、また長い間成功を収めてきた理論であっても、真剣な見直しの対象にします。こうして、たくさんの科学者によって、またあらゆる角度から、たえず吟味され批判にさらされることこそが、科学的知識を公共的・客観的な人類の共有財産として信頼できるものにしているのだといえるでしょう。

　つまり、科学の理論とは、もう確かめる必要がない真理として無条件に暗記したり信仰すべき特別な知識ではなく、むしろ誤りやすい普通の人間である科学者が、その時点で入手可能な最善のデータに基づき、最も納得できる説明として考え出した、誤りの可能性を含む一つの仮説でありアイデアだといえます。ただし、絶対的・最終的な真理としてそれに固執するのではなく、むしろ積極的に誤りの可能性を探り、誤りがみつかればそれを機会に理論を改善し、少しでも真理に近づこうとする努力が継続的・集団的になされているからこそ、いままでのところ最も納得できる説明（人類が現段階で考えうる最善のアイデア）として受け入れられるのであり、科学がこのような営みだからこそ、人間の知識のなかでも最も信頼できるものとして尊重されているのだと考えられます。最後に、科学をこのように、完全に保証される真理としてではなく、たえず誤りから学びそれを修正することによって一歩ずつ真理に向かって進む人間の営みとしてとらえようとしたポパーという哲学者のことばを紹介しておきます。

　　「科学の歴史も、あらゆる人間の思想の歴史と同じく、無責任な夢や頑固さや誤りの歴史ではありますが、誤りが系統的に批判されやがては修正される唯一の領域だからこそ、進歩について語ることができるのです。」

　　　　　　　　　　　　　　（内田詔夫『人間理解の基礎』晃洋書房より）

9 問題解決と論理

> 問題解決のために論理をどのように活用できるか

1 普遍と特殊、理論と事実との関連づけ

　科学において「誤りから学ぶ方法（推測と反駁の方法）」が効果的である理由は、主として、論理的思考（推論、推測）と実践的活動（観察、実験）、そして「仮説（法則、理論）」を記述する普遍的命題と「予測」や「テスト結果」を記述する特殊的ないし個別的命題が有機的に関連づけられ互いにフィードバックを受けて修正・改善される仕組みになっていることであると考えられます。そのことによって、理論（仮説）はしっかりした現実的裏づけをもつとともに、いっそう普遍的で応用力の豊かなものへと成長発展することができるわけです。
　ところで、そうだとすると、このように、普遍と特殊、理論と事実、思考と活動を有機的に関連づけ結合することは、知識成長のためだけでなく、科学の諸課題においても、また日常生活や職業生活におけるさまざまな問題解決のためにも有効な手段となりうるのではないかと期待されます。そして実際、広くみれば、病気の診断や裁判における判断から買い物のさいの判断にいたるまで、私たちが日頃行う、あるいは接するような判断、思考は、ほとんどが、自覚の有無は別として、これらを関連づけ結合することによって初めて成り立つことに気がつきます。すなわち例えば、「Aさんは高血圧だ」、「Bさんは傷害罪で有罪になるだろう」、「C店ではいつも品物を安く買える」等の判断

をするさいには、「Aさんの測定値」、「Bさんが行った行為」、「C店での値づけ」といった特定の事実を知るだけでなく、暗黙のうちにせよ「高血圧の基準値」、「傷害罪の定義や法定刑」、「定価やメーカーの希望小売価格」などといった「原則」、「基準」、「法律」等何らかの普遍的原理と照らし合わせなければならないということです。そこでここでは、こうした関連づけのあり方を、科学における「説明、予測、応用」とビジネスにおける問題解決思考に即して検討してみることにしましょう。

2 説明・予測・応用

　科学に対する期待、ないし科学が直面する大きな課題としては、前述のように、（起こった出来事の）説明、（起こるであろう出来事の）予測、（自然に働きかけ望ましい出来事を引き起こすための）応用の3つを挙げることができますが、これらの課題に応える（これらの問題を解決する）ためには、いずれの場合も普遍（理論・法則）と特殊ないし個別（観察・実験）との適切な関連づけが必要であることを確かめてみましょう。

　例えば、冬の朝路面が凍っているのを見て「なぜ路面（の水）が凍結したのか」と問われた場合、最初に思いつく答えはおそらく「昨晩は気温が氷点下まで下がったから」というようなことでしょう。しかし改めて、「気温が氷点下まで下がるとなぜ路面（の水）は凍るのか」と問われれば、「水は氷点下まで冷やされると氷になるから」というような補足が必要になります。ここからわかるのは、「路面の水が凍った」というような特定の出来事を説明するためには、「昨晩は気温が氷点下まで下がった」というような特定の事実（条件）を述べる命題だけでは不十分であり、「水は一般に氷点下まで温度が下がると氷になる」というような普遍法則を述べる命題も不可欠だということです。

　同様に、「あるヒモが切れた」ことの理由を説明する場合も、「そのヒモを強く引っ張ったから」だけでは不十分です。同じくらい強く引っ張っても切れな

いヒモもあるからです。ですから例えば、「この種のヒモは 10 kg 重までの力に耐える。しかしいま、20 kg 重程度の力が加えられた。だから、このヒモは切れたのだ」のような説明が必要になります。このように、特定事象（結果）の生起を説明するためには、一般に、それに直接影響を与える特定条件の成立だけでなく、それに関連する普遍法則を指摘することが不可欠です。そして、普遍法則と特定条件を述べる「前提」からその特定事象を述べる「結論」が導出できる場合に、その説明は非常に強い説得力をもつことになるわけです。ただしこの場合、特定事象（結果）の方が「既知のもの（事実）」であるのに対して普遍法則および特定条件の方はあくまでもそこから「アブダクション」等によって考え出されたもの（仮説）ですから、「推測」にとどまることを忘れてはなりません。

　普遍法則と特定条件から特定事象を結論として導出するというこの推論は、「予測」の場合にも同様に重要な役割を果たします。例えば、「今晩は路面が凍結するだろうか」という問いに対して、「水は氷点下まで温度が下がると凍る。そして、今晩は氷点下まで気温が下がる見込みである。だから、今晩は路面（の水）が凍るであろう」という予測をしてみせるならば説得力のある予測になるでしょう。この場合も、先の「説明」のところで挙げたのと同じ「普遍法則」、「特定条件」、「特定結果」がそれぞれ前提ないし結論の位置を占めています。ただし、予測の場合は、関連する普遍法則、および現時点における特定条件（事実）を確認することによって（すなわち「既知のもの」とみなすことによって）、未来の特定の状態を結論として導出するという形の推論が行われるのですから、「前提」が真とみなせるかぎり「未知のもの」であった予測結果は演繹的な確実性をもつところに特徴があります。

　この同じ推論の構造は「応用」の場合にも活用できます。例えば、氷菓子を作るために水を凍らせるとか逆に水道管が破裂しないように水を凍らせないといった結果が求められる場合、当該の水を氷点下まで冷やすとか、逆に冷えないように保温するといった対策が取られるでしょう。この場合の思考は、「水

は氷点下まで温度が下がると凍る（または、氷点下にならないと凍らない）。だから、この水を氷点下まで冷やそう（または、氷点下にならないように保温しよう）。そうすれば、この水は凍る（または、凍らない）という結果が得られる」というような推論として表せます。このように、応用のさいも思考において考慮すべき要素（普遍法則、特定条件、特定結果）は同じなのですが、この場合は、関連する普遍法則（既知のもの）との関連において、実現したい結果（既知のもの）を結論として導出できるような特定条件（未知のもの）をアブダクションによって発見することが課題になるといえます。

　以上の考察から、科学の主要課題である「説明」、「予測」、「応用」のすべてにおいて、いずれの場合も関連する普遍法則と特定条件とを前提とし特定結果を結論として導出するような妥当な推論構造を発見することが問題解決の核心になっていることがわかります。ただし、「説明」では「結果」が既知項（知られている事実）で「法則」ないし「条件」が未知項であるのに対して、「予測」では「法則」および「条件」が既知項（知られている事実）で「結果」が未知項であり、「応用」では「結果」および「法則」が既知項（実現すべき状態、および知られている事実）で「条件」が未知項であるというように、それぞれの目的に応じて求めるべき未知項が変化するわけです。実際の使用場面においては、多数の法則、条件、結果が複雑に関連することが多いはずですので、この推論は図9-1のようなイメージで捉えておいた方がいいでしょう。いずれにしても、**こうした問題解決においては、諸事実およびそれと関連する法則や理論を確認したうえで、理論や法則を記述する普遍的命題と観察や操作、求める結果等の個別的事実を記述する特殊的命題とを適切に関連づけ、論理的な関連が明らかになるように有機的に結合することが重要なポイント**になっていることが理解できると思います。

普遍法則 1, 2, 3……
特定条件 1, 2, 3……

∴ 特定結果 1, 2, 3……
（目的に応じて、
未知項が変わる）

図 9-1

【問　題1】
「Aさんは高血圧だ」と判断するためには、どのような普遍的原理および特定条件が必要かを述べなさい

【問　題2】
「この種のヒモは10kg重までの力に耐える」、「このヒモに20kg重程度の力を加える」、「このヒモは切れる」という3つの命題を用いて（必要に応じて、時制などを換えること）、「このヒモが切れる」ことを予測する思考、および「このヒモを切る」ための思考のあり方を示しなさい

3　ロジカル・シンキング

次に、ビジネス界において問題解決のために不可欠な思考法として近年重視されるようになった「ロジカル・シンキング」と以上のような論理的思考との関連性について考えてみましょう。

ロジカル・シンキングとは、ある入門書によれば、「各種の要因・要素をもれなく、重複なく、わかりやすく整理し、体系化することで、全体を捉えて、より的確な判断や解決策などを導き出すときに使う思考方法」などと説明されています[8]。また、多くの入門書や解説書でほぼ共通に説かれているのはおおよそ次のようなことです。すなわち、問題解決のためには「まず問題を明確にし（しかも、主語と述語を伴った疑問文の形で述べ）、大きな問題を3～5程度の小問題に分けて、それぞれに対する答え（結論）を探究すること」が重要だということ、「それでも明確な答えが得難い場合にはさらに小さな問題に分解してそれに対する答え（結論）を求める、というふうに問題を細分化し、かつ体系的に配置すること」によって、「最終的には真偽や当否を直接判定できる小さな答えの積み重ねによって説得力のある『大きな答え（結論）＝メイン・メ

---

(8) 今井信行『ロジカル・シンキングのポイントがわかる本』秀和システム

ッセージ』が得られる」というようなことです。

具体例でいうと、「会社の利益を伸ばすにはどうすればよいか」という問いは企業にとってきわめて重要な問いですが、同時に大きすぎて抽象的な問いでもあります。ですから、これに対していきなり何らかの答え（解決策）を出そうとすると、いろいろな観点からいろいろな意見が出されて、どれが最善かわからないだけでなく、意見が対立して収拾がつかなくなるおそれもあります。しかし、この問いを「売上を伸ばすにはどうすればよいか」と「コストを下げるにはどうすればよいか」という2つの問いに分け、さらに後者を「製造原価を下げられないか」、「販売コストを下げられないか」、「資金コストを下げられないか」、という問題に細分化して考察すれば、より具体的で考えやすく、一致した答えに達することが期待できます。そしてそれだけでなく、結局はそれらの答えがもとの大きな問いに対する答えにも通じるというわけです（図9-2参照）[9]。

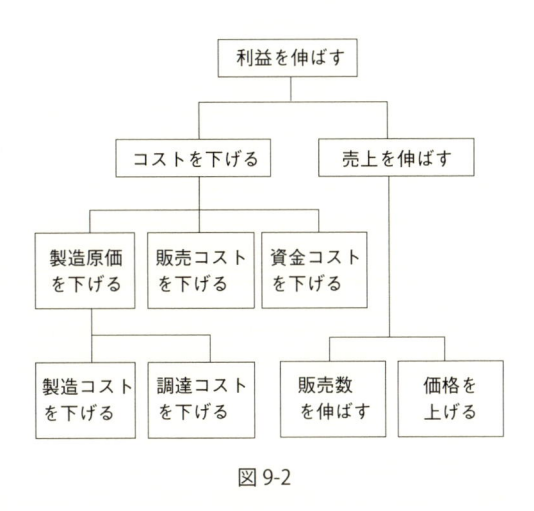

図9-2

ロジカル・シンキングで推奨される論理的思考のための道具としては、「フレームワーク」、「ロジック・ツリー（または、イシュー・ツリー）」、「ピラミッド・ストラクチャー」、「MECE（ミッシー、またはミーシー）」などの概念がありますが、これらはすべてこのような問いや答えを分割し体系化することによる全体像の的確な把握に関わるものといえます。そこで、これらの道具を使用することの論理的な意義について考察してみましょう。

---

[9] 図9-2は、大石哲之『3分でわかるロジカル・シンキングの基本』日本実業出版社、のものを利用させていただきました。

3 ロジカル・シンキング

4 フレームワーク

「フレームワーク」とは、ある問題をより小さな問題に分ける際に、有効性が既に広く認められている枠組み（フレームワーク）を利用して考えることを勧めるものです。生活に必要な物資を考えるさいには「衣・食・住」という枠組みがすぐに思い浮かびますが、同様に、例えば市場参入や撤退という経営戦略を考えるさいには、「顧客、自社、他社」という枠組みで、消費者のニーズ、自社の能力、競合他社の動向等を総合的に考慮することが不可欠です。直面する問題に関連するこうした既成のフレームワークが利用できる場合には、思考の焦点が非常にはっきりして効率的な思考ができることは明らかです。こうしたフレームワーク自体がどのようにして獲得されどれだけの有効性、信頼性があるのかが説明されることはあまりないようですが、個別の問題解決にさいして広く参照される理論という意味では、科学における法則や理論と似たような役割を担っているものとみることができそうです。そうだとすると、決して絶対的・最終的なものではなく、あくまでも便宜的・仮説的な性格のものであることを自覚し、場合によっては新たな要因を追加したりフレームワーク自体を新たに作り直すという可能性にも留意しておく必要がありそうですが、それにしても、既知の法則や理論と同様に、そのフレームワークの有効性が広く認められているかぎりにおいては、それを活用することが思考を効率化し生産的なものにするのは間違いないことです。

5 ロジック・ツリー

「ロジック・ツリー（または、イシュー・ツリー）」とは、例えば「利益増(A)」という課題を解決するために、それを「売上増(B)」と「コスト減(C)」というその手段となりうる2つの課題に分け、さらに「コスト減(C)」という課題を「製造原価減(D)」、「販売コスト減(E)」、「資金コスト減(F)」という

3つの要素に分解するというように、大きな課題から具体的な施策に到達するまでの各段階の選択肢をツリー状に階層化することの必要性を説くものです。こうすることによって、課題解決のための選択肢や道筋が明瞭になり効果的な対策が可能になるとともに、問題の理解や解決への取り組みが関係者一同に共有されるものになるというわけです（図9-2参照）。この「ロジック・ツリー」は、名前からもわかるように、論理を直接意識した方法です。ですから、このさい特に重要になるのは、それぞれの選択肢（D、E、F）が本当に課題解決（C）をもたらすのか（つまり、DならばC、EならばC、FならばC、という関係が本当に成り立つのか）という因果関係の吟味と課題（C）を解決するためには「D、E、F」以外に手段はないのかという区分の適切さ、十分さの吟味ということになります。こうした確認ができる場合には、ある小さくて具体的な課題の解決が本来の大きくて抽象的な問題の解決に確実に寄与するという意味で、まさに論理的思考の効果を示せることになります。

6　MECE

「MECE（Mutually Exclusive, Collectively Exhaustive の略。ミッシー、またはミーシーと読む）」というのは、こうした区分にさいして、小分けされた選択肢相互に重複した内容が含まれず、しかもすべての選択肢を合わせると全体が把握できるというような仕方で（「モレがなく、しかもダブリもないように」）分けなさいということです。上記のフレームワークの利用や「コスト減」のための方策を「製造原価減」、「販売コスト減」、「資金コスト減」という選択肢に分解することももちろんそれを意識したものになっています。別の例でいえば、自社新製品の主たる購買層として「20代女性」、「OL」、「学生」などを想定しながらアンケート調査を行った場合、このままの項目によって集計したとすれば、10代や30代の女性、大部分の男性などがもれる一方で、同じ人が2つまたは3つのグループに含まれることになってしまい、あまり明確で効果的な

資料は得られません。ですから、主たる対象としない層に対しては「その他」という区分を用意するにしても、年齢軸ならば「20歳未満、20代、30代、40代、50歳以上」などと、また、性別軸では「女性、男性」のように、対象者全員が「モレやダブリがなく」それぞれ一つの場所に収まるような分類をする必要があります。このように、問題解決のためのさまざまな手段や選択肢を考える場合には、常に選択肢がMECEになるように分けることが、ムダや混乱のない的確な分析と効果的な対策のために有効だということです。これを上述の「コスト削減」の例に即して「論理」として考えてみると、課題（C）を解決するためにはこれらの選択肢以外には選択肢がないこと（つまり、「CならばDまたはEまたはF）である」という命題が真であること）、およびそれぞれの選択肢（D、E、F）が独立で他の成否と無関係に実行可能であることが確認できる場合には、例えば「EやFは現時点では不可能である（偽である）」という判断（前提）から引き出した、「ではDを最大限追求する（真にする）しかない」という結論に説得力が与えられ、集中して取り組むべき課題を明確にするうえで大きな効果が得られるでしょう。

7 ピラミッド・ストラクチャー

最後に、「ピラミッド・ストラクチャー」とは、例えば何らかの大きな提案や主張を行おうとするさいに、それが多角的な考察に基づく複数の理由づけによって支えられており、しかもその理由づけが具体的な事実やデータによって裏づけられていることが望ましいように、大きくて抽象的な提案や主張（ピラミッドの頂点）は常に小さくて具体的な個別的事実（ピラミッドの底辺）とのつながりが明らかになるような形で示すことが大切だという指摘です（図9-3参照）。これは、「上から下へ」という「ロジック・ツリー」の考え方とは対照的に、個別的・具体的な事例から出発して1つの大きな結論にいたろうとする考え方だといえますが、大きな主張と小さな主張をいくつかの中間的な主張でつ

なぎながら、確認の容易な個別的事実の裏づけをもつとともに適用範囲が広く有効な主張を形成しようとする点では同じ発想に基づくものといえます。

以上のように理解したかぎりでのロジカル・シンキングの考え方や技法は、ある意味では当然のことばかりだとも思われます。しかし、その基本になっているのは、やはり「普遍（大きくて抽象的な問題、結論的主張や目標など）と特殊（小さくて具体的な問題、個別的ないし中間的な主張や事実など）、そして理論と事実とを突き合わせ相互に関連づけて整合するような解決策を追求する」という考え方だといえます。この点では、科学的知識の成長や説明・予測・応用といった問題への取り組みにさいしてみてきたように、「普遍と特殊、そして理論と現実とを有機的に関連づける」ことが、やはりあらゆる問題解決にあたっての重要な条件だということが再確認できると思います。

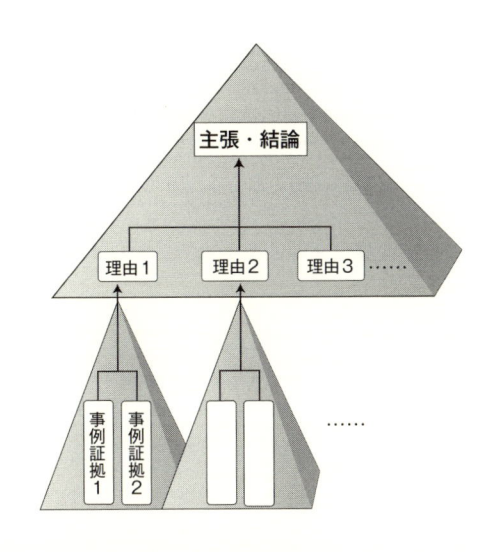

図 9-3

《9の要点》 CHECK!
○説明、予測、応用のすべてにおいて、法則・理論等の普遍的命題と個別的事実に関する特殊（個別）的命題双方を前提とする妥当な推論を構成することが説得力をもつためのポイントになる

○ビジネスや日常生活上の問題においても、一般的・抽象的原理と特殊（個別）的事実を整合的に関連づけることが解決にさいして重要である

7　ピラミッド・ストラクチャー

参考 「普遍的原理」の多様性

　以上、知識の成長・改善や問題解決のためには何らかの普遍的原理が大事な役割を果たし、個別的な事実を述べる命題とこうした普遍的命題とを関連づけ整合的・統一的な理解を図ることが有効な論理的思考の核心をなすことを強調してきましたが、それではそうした「普遍的原理」とはいったいどのような性格のものなのでしょうか。それらは既成のものとして、そのまま無条件に前提し利用するだけでよいのでしょうか。それとも、種類や確かさの点で多様性があり、場合に応じて使い分けたり修正したりする必要があるのでしょうか。ここでは、そうした「普遍的原理」を主題として取り上げ、その性格や種類、さらには「限界」や「修正の可能性」といったことについて考えてみたいと思います。

「普遍的原理」の例

　まず、場合によっては「普遍的」原理として通用しそうないくつかの例を挙げてみましょう。

(1) 日曜日は学校は休みだ
(2) 赤信号では車は停止しなければならない
(3) 福島から東京へ行くには1時間以上かかる
(4) 新車を買うには少なくとも10万円以上必要だ
(5) 水は100℃で沸騰する
(6) 物から手を離せば落下する
(7) 水は水素と酸素に分解できる
(8) 回路を流れる電流は電圧に比例する
(9) aさんがbさんの子どもであればbさんはaさんの親だ
(10) 「aならばb」かつ「a」であれば、「b」である

誤りや修正の可能性

　これらはどれも、一見「真」とみなしてもよさそうに思われるかもしれませんが、改めて本当にそのまま認めてよいのか、絶対に例外はありえないのかと考えてみると、いろいろな違いがあることに気がつきます。

　(1)や(2)の場合、確かに現代の日本では一般的なルールといえますが、別のルールになっている国を想定することは難しくありませんし、日本でも江戸時代以前にはこのようなルールは存在しませんでした。ということは、こうした「人為的なルール」の場合、それはその社会において「そのように決められているかぎりにおいて」成り立ち通用する原理であり、国や時代によってはそれとは「相反する」原理が支配するかもしれず、現在通用している国においても変更しようとすれば変更可能なもの、という性格をもっていることがわかります。一般に、法律や道徳など人間社会のルールはこうした「人為的・規約的・相対的」で変更可能という性格をもちます。ですから、個人や企業の目標達成に困難がある場合、それがルールに関係する困難であれば、まずは現行ルールの枠内で解決策を考えるのが当然としても、こうしたルール自体に問題はないのか、あるいはもっと望ましいものに変えられないかなどと考えてみることが問題解決の有力な手がかりになる場合もあるはずです。

　(3)や(4)の場合は、確かに現状ではそのとおりだとしても、将来リニア新幹線が開通したり新車の値段が大幅に安くなることによって、これがあたらなくなる可能性もあるのではないか、などと考えてみることができます。つまり、これらのケースでは、現在の「技術的ないし経済的な制約」のためにこれらの主張に反する事態は考えられない、という意味で「普遍性」があるわけですが、こうした制約は技術的ないし経済的な状況の変化によって当然変化します。ですから、こうした制約のために困難があると考えられる場合には、まずは現状の枠内での最善の解決策を考えるとしても、その制約を絶対視するのではなく、むしろ技術革新や経済状況の改善等によってこの制約をなくす、あるいは緩めるような工夫はできないかと考えることが問題解決の最善の手段になる場合もあるはずです。

　(5)や(6)のような自然界の規則性の場合には、確かに人間の力でそれを変えることはできません。しかし、「問題解決と論理」でみたように、「特定の水が100℃で

(参考)「普遍的原理」の多様性

沸騰する」とか「特定の物体が落下する」といった出来事は、「その水を100℃まで加熱した」とか「その物体から手を離した」といった特定条件（原因）の成立のみによって必然的・自動的に生起するわけではなく、一定の法則との関連において初めて成立する事柄です。ですから、こうした主張にさいして通常想定されている「水をほぼ1気圧の下で加熱する」とか「重力の方が物体に働く浮力よりも大きい」といった一般的にもたれやすい「暗黙の前提」が成り立たない状況の下では、同じ特定条件（原因）があったとしても異なる結果が生じうるはずです。ということは、「この水を120℃まで沸騰しないようにする」とか「この物体から手を離しても落下しない（むしろ、浮かび上がる）ようにする」という結果が求められる場合には、「その水に加える圧力を大きくする」とか「（空中でなら）ヘリウムガスの詰まった風船、あるいは（水中でなら）比重が1より小さい物質を手に持っている」といった状況を作ればよいわけです。そう考えてみると、（5）や（6）のような命題自体は、例外なしに成り立つ本来の「自然法則」としてではなく、それと無関係ではないにしても日常的にありがちな状況の下でのみ成り立つ「限定的な規則性」として理解した方がよいということになります。

（7）や（8）の場合には、理科の教科書にも記載してある事柄であり、普通の意味では自然界において例外なしに成り立つ「自然法則」とみなすことができます。ですから、通常はそのまま「確実な真理」、無条件の前提とみなしたうえで、それを利用することだけが課題となるでしょう。しかし、「知識成長と論理」でみたように、科学理論や法則は人間精神の産物であるかぎり仮説的な性格を免れないものです。その意味で、これらが「偽」となるケースを想定することは十分に意義のあることです。そして、こうした自然界の規則性を表現する理論や法則に本当の「普遍性」があるか否かを必要に応じて吟味し直し、「反証」された場合にはこれを修正し新たないっそう普遍的な理論や法則に置き換えていくことこそ、科学が進歩・発展してきた道筋であり、科学にとっての最重要課題だといえます。

それでは、（9）や（10）についてはどう考えたらよいでしょうか。これらは、aやbにどんな人名や命題を代入しても例外なく真となり、特殊な文脈でよほど特殊な解釈をしないかぎり偽となることはありません。「親」、「子」、「ならば」、「かつ」などの語の意味を正しく理解し普通に用いている人はどうしてもそう考えざるをえない

からです。その意味でこれらは、人間が論理的にものを考えようとするさいにはどうしても従わざるをえない法則、「論理法則」といってよいものです。またこう考えてみると、論理法則とは前述の「自然法則」とは異なる、そしてそれ以上に「確実な」独特の法則だということになります。

規範法則、自然法則、論理法則

　以上、きわめておおざっぱながら、「普遍命題」のさまざまなあり方をみてきましたが、ここからわかることは、普遍性・規則性にも多様な種類や程度があること、ある意味では「普遍的に」成り立つとされる事柄でも、実は一定の条件の下でのみ成り立つ限定的な「規則性」であり、それが真ではない、あるいは成り立たないような事態を考えることが十分に可能である場合があるということです。ですから、少なくとも、「**人為的・制度的に設定され運用されているかぎりにおいて成り立つ規則性（①）**」、「**技術的、経済的等の制約があるかぎりにおいて成り立つ規則性**」、「**人間の日常的な環境においてのみ成り立つ規則性**」、「**自然界において現実に、そして例外なく働いているとみなされる規則性（②）**」、「**対象にかかわらず、ことばを用いて思考するかぎり従わざるをえない規則性（③）**」を区別して考えることが大切です。

　特に、上記①、②、③のタイプの主張はそれぞれ、「**規範法則**」、「**自然法則**」、「**論理法則**」と呼ばれたりしますが、これらはいずれも「**法則**」という同じ名前で呼ばれるにしてもこのように**根本的に性格が異なる**ので、こうした事情をきちんと理解したうえでそれぞれに応じた関わり方をすることが、自然や社会を的確に理解し、また有効適切な働きかけをするために大切になります。

　上記3種の「法則」についてもう少し補足すれば、次のようにいえるでしょう。「規範法則（「法律」や「道徳」などが代表格です）」とは、人間社会において個人や団体の行動を規制し方向づけようとする人為的なルールであり、支配者の一方的な命令によるものであれ民主的な合意によるものであれ、人間の「決定」に依存するものです。ですから、その「法則」に違反する人やそれが望ましくないと考える人は常にたくさんいるということが想定できます。そして、望ましくないという意見が支配的になった場合には変更することも原理的に可能です。このように、人間の

（参考）「普遍的原理」の多様性

決定に依存し、そのかぎりにおいて成り立ち通用する規則性であり、それゆえそれに反することや修正することが容易に可能である、というのがこの種の「法則」の基本的な特徴です。ですから、こうした普遍的原理が関わるような思考では、本当に現行のルールをそのまま前提しその枠内で物事を考えなければならないのか、ひょっとして別なルールを想定しあるいは変更した方が望ましい問題解決につながるのではないか、といったことが考慮すべき重要なポイントになるわけです。

　これに対して「自然法則」とは、人間がそれを知るか知らないか、望むか望まないかにかかわらず、また、人類が誕生する以前からも絶滅した後にも、常に自然界において成り立っていると考えられる規則性のことです。ですから、人間の力でそれを変えることはできず、人間にできることは何とかそれを近似的にでも認識し利用することだけです。その意味で、「規範法則」や「道徳法則」とはまったく性格を異にします。ですから、こうした普遍的原理が関わる思考では、（科学者以外の普通の人にとって、また科学者でも技術的応用が主たる関心事であるかぎりにおいては）もっぱらそれを正しく理解して応用することだけが主要な関心事になるといってよいでしょう。ただし「知識成長と論理」でみたように、法則を正確に捉えることは多くの場合非常に困難であり、人間（科学者）によって定式化されたかぎりでの「法則」は、実際にはたくさんの実験や観察の後に、そしてまた何度も反証にさらされ変更されながら確立されてくるものです。ですから、一方では人間の認識や思惑を超える客観性・必然性・永遠性をもちながら、他方では人間の「経験」に基づいて初めて定式化や修正がなされ永遠に「仮説」的性格をもち続けるという、「法則」の2面的性格を理解することが、こうした普遍的原理に関わる思考の重要なポイントになります。

　「論理法則」の場合は、人間の力でそれを変えることはできないという意味では「自然法則」と似ていますが、「自然法則」や「規範法則」のように、自然や社会という現実世界において実際に成り立っているとか、あるいは成り立つことが望ましいとされるような規則性を表すものではありません。そうではなくて、むしろ、対象が自然であれ社会であれ、あるいは人間であれ物であれ、それらについて「ことばを用いて」一貫した思考を展開しようとするかぎり従わざるをえない、すなわちそれに違反すればまともな思考が不可能になってしまうというような性格をもつ、

「ことば自体に含まれている」規則性です。ですから、どんな対象についての思考や認識においても必要とされる一方で、それ自体は自然や社会という現実世界に関するどんな認識や見解に対しても中立的であり、何ら特定の具体的な知識、情報を提供するものではありません。そのことは、例えば「明日は雨が降るか降らないかどちらかだ」とか「彼の事業は成功するかしないかどちらかだ」というような主張を考えてみればわかりやすいでしょう。これらは、「aであるか、またはaでないかのいずれかである」という恒真命題[10]の適用例であり、確かに明日どんな天気になっても、また彼が成功しても失敗しても誤りになることのない「真なる」命題ですが、一方で、一見明日の天気について、あるいは彼の未来について述べているようにみえても、実際にはどちらについても何ら具体的な情報を提供しない「無内容な」主張にすぎません。ですから、こうした普遍的原理が関わる思考では、それ自体の「誤りの可能性」をチェックすることではなくて、むしろ法則の趣旨を誤解して、こうした原理だけ（つまり、「論理」だけ）を根拠としながら何らかの「中身のある」主張を導き出そうとしていないかというチェックが大切になります。なぜなら厳密にいえば、論理的思考だけでできることは、すでに承認（ないし仮定）されている理論や主張から当然引き出せるはずの事柄（ただし、「演繹」批判に対する「反論」として述べたように、それがだれにも自明のことであるとはかぎりませんが）の確認だけであって、現実世界についての新たな情報や知見をもたらすことではないからです。

普遍と特殊の相互依存

以上のように、日常生活や職業生活において「普遍的原理」として当然のように、あるいは暗黙のうちに前提されている命題には、その性格や真理性に関して大いに異なるものが含まれます。ですから、単純にそれらを無条件の前提として無批判に思考を展開するのではなく、場合によっては、それを変えることはできないのか、ひょっとしたらそれは誤りではないか、あるいは別の原理に基づいて考えることが

---

(10)　134ページ参照

できるのではないのかなどと考えてみることが最善の解決策になることもあります。例えば、福島・仙台間の移動にいつもマイカーやバスを利用して「福島から仙台に行くには1時間以上かかる」と思い込んでいた人が、新幹線の利用に思いいたって、「福島から仙台には30分で行ける」という原理で考え直してみる場合のようなことを考えてみればわかりやすいでしょう。

　普遍的原理を前提しそこから個別的事実を導出するような思考は、個別の出来事の説明や予測に役立ち、新たな事実の発見や創造にもつながります。逆に個別的事実から原理を推測するような思考は、新たな原理の発見や既存の原理の確証に役立ち、場合によっては「反証」によって新たな原理の追求を促します。そして新しい原理で物事を考えることができるようになれば、個別の事柄に関しても画期的な事実や問題解決法を発見できるかもしれません。このように、**普遍的原理と特殊的ないし個別的命題は相互に無関係ではなく、互いに影響を与え依存し合います**。こうした事情を理解したうえで、当面する問題に関連しそうなさまざまの普遍的原理と特殊的・個別的事実を突き合わせ、必要に応じて修正を繰り返しながら、絶えず整合的で納得できる全体像を築けるように考察を方向づけ収束させていくことこそが、論理的思考を知識成長や問題解決に役立てる基本的な筋道だといえます。

10 論述文と論理

> 論述文読み書きのために論理をどのように活用できるか

1 論述文の不可欠の要素

　今度は、論述文読み書きのために論理をどう役立てることができるかということを考えてみましょう。日常生活においても職業生活においても、自分の意見を正確に人に伝えたり他人の考えを正しく理解したりすることは、非常に大切なことです。また、大学生や専門学校生であれば、専門書を読んだり卒業論文や看護研究といった形で研究成果をまとめることが求められることもあります。ですから、本格的な「論文」とはいわないまでも、論述文一般に共通の特徴、不可欠の条件といったものを理解し自覚的に読み書きする訓練をしておくことは、将来のいろいろな場面で役立つはずです。そうしたことを期待しながら、論述文読み書きにさいしてのいくつかの留意点を確認するとともに、実際に読み書きするトレーニングをしてみたいと思います。

　さて、論述文読み書きのためには、まず当然ながら、「**論述文とはそもそもどのような文なのか、その不可欠の要素は何か、それらの要素同士はどのような関係になっているのか**」といったことを確認し自覚することが必要です。論述文とは、いうまでもなく、単なる作文や感想文、あるいは詩や小説とは異なり、何かを論ずる文章です。もっとも、だから難しいというわけではなくて、むしろ詩や小説のような特別な芸術的センスを必要としませんし、普通の人がわかる

ように普通のことばで書けばよいのですから、ある意味ではやさしいともいえます。ただし、どんなテーマやどんな趣旨のものであれ、論述文といえるためには当然ながら一定の条件はあるはずです。それでは、論述文の不可欠の要素とはいったい何なのでしょうか。

　まず第一に、当然のことながら、**論述文には何らかの「主張」がなければなりません**。自分の考え、意見を客観性のあるものとして人に理解してもらおうとするのが論述ですから、主張の趣旨が明確でなければならないのは当然です。次に必要なのは、その主張が何に基づいているのかという「根拠」です。例えば、「消費税率を上げるべきか否か」とか「夏休みには海に行くか山に行くか」のような質問に対して、「賛成、反対」、「海、山」のような回答をすることも確かに「自分の意見」を述べることではありますが、そうした「主張」だけでは論述にはなりません。「消費税率を上げることにはこれこれのメリット・デメリットがあるが、現状ではそのメリット（または、デメリット）の方が大事だ。だから、私は消費税率を上げることに賛成だ（反対だ）」のように、その主張にいたる根拠（理由）を示すことで初めて論述になります。ですから、**論述文においては「根拠（理由）」を述べる文が不可欠**ということになります。第三に必要なのは、その主張はそもそもどんな問題、疑問に答えようとするものなのかという、もともとの「問題（ないし、問い）」です。だれでも知っていること、わかりきったことであればわざわざ論じる必要はありません。自分はこれが正しい、あるいはこれが大切だと思っているのだが、世間の人は必ずしもそうは考えていないようだとか、むしろ別の主張の方が支持されているようだ、と思えるような状況があったときこそ、あえて自分の考えを説得力のある形で訴える必要を痛感するわけです。その意味で、**主張とは何らかの未解決（未決着）の「問題（ないし、問い）」に対する自分なりの「回答（答え）」**ということになります。

　以上、「問題」、「主張」、「根拠」の三者はどんな論述文においても不可欠の重要な要素ということができます。ただし、もちろん、必ずしもこれらがわかりやす

い形で明示的に述べられているとはかぎりません。特に、ごく短い文章で読者も問題意識を共有しているはずだとか、既にその問題の大事さは知っているはずだとか想定できる場合には、「問題」は改めて示されないことも珍しくありません。しかし、そのような場合でも、論述であるかぎり何らかの未解決・未決着の問題ないし疑問に対して答えようとしているはずですので、文章中からその「問題」を読み取ることが大事な課題となります。このほかにもたいていの論述文に含まれる大切な要素はいろいろあり、特に、論述であるかぎり何らかの「テーマ」があるはずだと指摘することもできます。ですから、「テーマ」を不可欠の要素として挙げることもできるのですが、「テーマ」は多くの場合、「問題」と重なります。そして、「テーマ」というと、「医療ミスについて」とか「これからの介護のあり方」など、多くの場合やや抽象的に表現されやすいのですが、短い文章で明瞭かつ十分に論じることができるのは、例えば「医療ミスを防ぐにはどうしたらよいか」とか「寝たきりになったお年寄りの介護はだれが担うべきか」など、かなり限定的で具体的な問いに限られます。そうしたことからも、短い論述文の読み書きにあたっては、前述の三要素をしっかり把握することが基本だといえるでしょう。また、前述のように、「主張」とは何らかの「問い」に対する回答であると同時に何らかの「根拠」から導かれるものなので、「問い」に対しては「答え」、「根拠」に対しては「結論」ということができます。一方、「問題」とは「答え」を要求する「問い（疑問）」であり、「根拠ないし理由」とは「結論」を導く「前提」のような役割を果たすものということもできます。ですから、三要素の以上のような相互関係を常に意識しながら把握することが、論述文全体の構造や趣旨を的確に把握するうえで大切です。

❷ 論述文と推論との共通性

このように、「問い（問題）」、「答え（主張、結論）」、「根拠（理由）」の三者

は論述文の不可欠の要素なのですが、実は論述文にかぎらず、論理的思考というものはたいていの場合これらの要素を含み、同様の構造をもっているものとみなすことができます。推論についての考察のさいには、もっぱら前提（根拠）と結論の関係だけに注目したのですが、実はその結論とは多くの場合、前提から導かれるものであると同時に、ある問いに対する答えとして求められたものでもあるからです。このことは、いままで取り上げたいろいろな推論に対してその背景にある「問い」を補い、「前提」を「根拠」と理解して次のように捉え直してみるとわかりやすいでしょう。

- （このイベントにぜひ参加したいが、この日は学校は休みなのだろうか→）このイベントの日は学校は休みだ
  ←なぜなら、このイベントの日は日曜日だから
- （昨晩はどの程度冷え込んだのだろうか→）昨晩は氷点下まで冷え込んだはずだ
  ←なぜなら、路面が凍結しているから
- （Aさんは本当にこの薬を飲んだのだろうか→）いや、Aさんはこの薬を飲んでいないのではないか
  ←なぜなら、Aさんの熱は全然下がっていないから
- （MさんはA、Bどちらかの薬が必要だが、どちらの薬を与えたらよいのか→）Mさんには薬Bを与えるべきである
  ←なぜなら、Mさんには体質上薬Aは使えないから

３ 論述文読み書きのポイント

このように、論理的思考とは基本的に何らかの問題（問い、疑問、知りたいこと）がある場合にそれに関連する有力な根拠（既知の事実）を確認ないし提示することによって説得力のある答え（解決策、主張、未知のこと）を導出しようとする営みだと

すると、当然、論述文を読む場合には筆者の文章から読み取れる主要な問い（問題）とそれに対する答え（主張）、そしてそれを支える主要な根拠を把握すること、また、書く場合であれば自らの主張がどんな問い（問題）に対する答えなのか、そのさい何を根拠にしているのかがきちんと読み手に伝わるように書くこと、が最も重要なことになります。

　ですから、論述文の要旨を書くという課題が与えられた場合には、まず、その主要な「問題（問い）」と「主張（答え）」、またその主要な「理由（根拠）」と思われるものを、それぞれできるだけ簡潔な一文で（不要な修飾語は省略し、できれば、主語・述語を各一語で！）書き出してみるのがよいでしょう。そして、その「答え」がその「問い」に対する自然で適切な回答になっているか、その「答え」はその「根拠」から自然で納得できる形で導出されているかを十分に吟味してみることが大切です。なぜなら、もしそこにズレや飛躍、あるいは不自然さを感じたならば、自分の理解のどこかに問題ないし誤りがある可能性が高いわけですから、「答え」に対応するより適切な「問い」や「根拠」があるのではないかなどと改めて検討する必要があるからです。こうして、文章の主要な骨格を把握した後で、その他の重要と思われる文や語句が果たしている役割を検討し、それぞれの役割がわかるような仕方で主要な文とつなげることができれば、論述の構造がおおよそ的確に把握できたことになります。ただし、「主張」の明言されていない論述文はほとんどありえないのに対して、前述のように、「問い」が直接的には読み取りにくい（あるいは明言されていない）場合もありますので、主要な「主張」を最初に把握し、それを軸として、対応する「問い」や「根拠」を考えた方がわかりやすい場合が多いでしょう。

　少し長めの論述文の場合には、**主要な三要素以外に**、その問題の背景や意義などの説明や分析、従来一般的に受け入れられてきた（または、現在も多くの人に支持されていると思われる）見解についての検討と批判、「根拠の根拠」ないし「根拠」として挙げた主張を裏づけ補強する証拠やデータ、そして一応の結論から導かれるさらなる主張や提言、などが重要な要素として含まれることがあります。特に、どの

程度明示的に論じられているかは別として、自分の積極的な主張とは異なる「異論」やそれに対する「反論」はたいていの論述文に含まれているといってよいでしょう。なぜなら、何かを論じようとするのはたいてい、自分が関心をもつ大事な問題について、自分のような考えが一般には知られていないとか、自分とは異なる見解の方が支持されているようだと思われる状況があって、だからこそ聞き手や読者にも受け入れてもらえそうな根拠を示すことによって自分の主張の正しさを理解し賛成してもらいたいという動機に基づくからです。ですから、それらの説明、分析、検討、批判（反論）、根拠の根拠、提言等のなかでも論旨に直結する重要なものは、字数に余裕があれば、「要旨の一部」として書いた方がよいことになります。また、自分で論述文を書くさいにも当然、主要な三要素とその他の重要な要素が明確で、しかもそれぞれの関係および役割がよくわかるように書くことが、わかりやすく説得力のある論述文を書くうえで大切な心構えになります。

　もちろん、わかりやすい論述をするためには、それだけでなく、各文の書き方に注意することも大切です。例えば、「問い」は「……であるか（……すべきか）」のように疑問文で、「答え」は「……である（……すべきである）」のように断定文で書き、「根拠」は「（なぜなら）……だから」と書くなど、それぞれの役割がよくわかる表現を用いること、各文は可能なかぎり簡潔でそれぞれ１つだけの役割を果たし、適切な接続語によってそれらをつなぐように心がけることなどです。一文のなかに主語や述語が多数含まれたくさんの要素が詰め込まれた長い文は、非常に読みにくいだけでなく、思考や議論の展開がわかりにくくなってしまいます。あるいはむしろ、読者にわかりにくいという以前に、筆者自身の思考に整理がついていないのだともいえるでしょう。

　また、たいていの論述においては、普遍（理論、ルール、基準、条件等）と特殊ないし個別（特定事例や特定状況、具体的事実等）を関連づけ、普遍から特殊へという「演繹」的な議論と特殊から普遍へという「帰納」的な議論を結合・循環させることが説得力を増すために有効な手段となります。なぜなら、関係

者に広く承認し納得してもらえるような議論を展開するためには、一般に受け入れられている原則や理論、あるいは共通の目標といった「普遍的な」原理に言及し、そこから自分が主張する特定の事実が成り立つことを証明するなどの形でそれらを利用したり、逆に、だれもが認め受け入れそうな事実を指摘することによって既存の原理に疑問を投げかけたり新たな考え方（理論）を提案する、といった議論の展開が必要だからです。普遍的な原則や一般的ルールだけにこだわった議論の展開では抽象的になり、直面する具体的・個別的問題の解決に対してその原則やルールが本当に直接的な関わりをもち有効なのかわかりません（「平和」や「真理」の大切さを説くだけでは、特定の紛争や特定の論争に決着をつけることはできません）。一方、個別的事実を羅列するだけではそうした事実を知らない人やあまり関心のない人には何のことかわからないだけでなく、そこから結局何をいいたいのか、いえるのか、またその主張は他の事柄にも同様にあてはまることなのか見当がつかず、価値の乏しいものになってしまいます。**普遍と特殊を組み合わせ互いに関係づけながら全体として整合的な主張を組み立てることこそが論述に説得力を与える重要なカギなのです。**ですから、与えられた論述文のなかにこうした思考や議論の展開を読み取ったり、また自分の論述にさいして自覚的にこうした展開を心がけることが、論述文読み書きにさいしての重要なポイントになります。

　その他、特に留意すべき大事な事柄としては、**客観的な「事実」**とそれについての解釈や評価などの**「意見」**を混同せずきちんと区別すること、同じ「意見」でも自分の意見と他人（世間の通念や参考にした書物の著者など）の主張を区別すること、その区別が読者にもきちんと伝わるように書くこと（自分の積極的な主張と参照や批判のために取り上げた他者の主張の違いが読み取れないのでは困ります）、などがあります。これらの点に注意しながら論述文を読み書きするように心がければ、他人の文章の的確な理解のためにも自分の主張の説得力を増すためにも大いに役立つはずです。

《10の要点》 CHECK!

○論述文の不可欠の要素は、「問い（問題）」、「答え（主張、結論）」、「根拠（理由）」の三者である

○これらを可能なかぎりそれぞれ簡潔な一文で、また、「問い」は「……であるか（……すべきか）」のように疑問文で、「答え」は「……である（……すべきである）」のように断定文で、「根拠」は「（なぜなら）……だから」のように根拠を述べる文であることがよくわかる文で表すことが大切である

○「答え」は「問い」に対する適切で自然な回答であるとともに、「根拠」から自然で納得できる形で（論理的に）導出できる必要があるから、これらの相互関係も重要なチェックポイントになる

○まずこれらの主要な要素を確認したうえで、他の重要な文（問題の背景や分析、根拠を支える証拠や事実、結論から導かれるさらなる提言等を述べる文）は、それらとの関係、役割がよくわかるように位置づけることが大切である

○論述に際しては、世間一般の通念とか対立する見解など、自分とは異なる意見があることを念頭に置いて、そうした主張への反論が読み取れるような形で自説を展開することが効果的である

○「普遍（理論、一般論）から特殊（具体例）へ」、および「特殊（個別的事実）から普遍（理論化、一般化）へ」という議論の展開が論述文に説得力をもたせるうえで有効である

11 論述文読み書きトレーニング

1 トレーニング I

　それでは、実際に「論述文」を読み、主要な問い、答え、根拠を考えたうえで要旨をまとめるという練習をやってみましょう。資料および設問を掲げますから、自分で考えてみてください。

〈資　料〉

　2000年4月に「介護保険法」がスタートし、社会的な介護システムが整備されつつあるが、それでも寝たきりになったお年寄りの介護を、嫁や妻が一人で行っている場合も多い。日本には「親の介護は最高の親孝行」「介護は嫁の務め」という社会通念が根強く存在する。また他人に介護されるよりも、住み慣れた自宅で家族に見てもらいたい、というお年寄りの思いもごく自然な感情であろう。しかし私は寝たきりになってしまったお年寄りの面倒は、社会が見るべきだと思う。
　寝たきりになってしまったお年寄りの介護は、素人ではそう簡単にこなせるものではない。介護の知識も技術も不十分な素人では、床ずれや関節炎などの合併症を起こしかねない。それに比べ、病院や施設ならば、専門知識や技術を身に付けた、「プロの介護」が受けられる。平均介護年数が延びている現在、

やはりプロの手助けが必要なのだ。

　確かに見知らぬ場所で見知らぬ他人から介護を受けるより、多少ぎこちなくても家族のぬくもりある介護の方が、人生の終末期にあるお年寄りにとっては幸せだ、という意見もある。しかし、現実には必ずしもお年寄りもそして家族も幸せになれるとは限らない。初めは手厚く介護されていても、そのうちに厄介者扱いされたり、家族が振り回された末に崩壊してしまう例は、マスコミが連日報じている通りである。社会の力を借りれば、家族は心身共にゆとりが生まれ、その中でお年寄りへのいたわりも芽生えてくるのではないか。

　ただ、プロに預けているからといって、ろくに面会にもいかない、というのはいかがなものだろうか。寝たきりになってしまったお年寄りに、プロの介護と家族の愛情の両方を差し上げることが今後の社会的な介護システムの課題といえよう。社会的介護とは結局、家族と社会の連携により実現するものなのである。

　　　　　　　（石関直子『4年制大学　看護・医療系の小論文』学習研究社より）

【問　題1】
この文章の主要な問い（問題）、答え（主張、結論）、根拠（理由）をそれぞれ簡潔な一文によって示しなさい（ただし、「根拠」については同格の根拠があれば複数でもよい）。また、根拠の根拠となる主張があればそれを示しなさい

【問　題2】
この文章の要旨を 150 字以内で書きなさい

【問　題3】
筆者とは異なる考え（あるいは想定される反論）を指摘しそれに対して筆者が再反論を行っている箇所を示しなさい

皆さんは実際に解答してみたでしょうか。この問題は私が講師をしている看護学校で「論述文読み書きトレーニング」として課した問題です。解答を読ませてもらって、それぞれ若干のコメントをつけて返却するとともに全体的な解説も加えているのですが、そのさいに気づいた点、もう少し補足した方がよいと思った点を以下にいくつか挙げておきます。

1. 論述文には必ず「問い（問題）」、「答え（主張、結論）」、「根拠（理由）」という３つの要素が含まれるといいましたが、「問題1」で「問い」、「答え」、「根拠」、「根拠の根拠」をたずねたのは、主として、これら主要な要素をあらかじめ確認し、「要旨」を把握しやすくするためです。「問い」は、本文中に明言されていないにもかかわらず、多くの人が的確に把握できるようです。ただし、「問題」ということの意味を取り違えたのか、なかには、「介護を嫁や妻が一人で行っている場合も多い」などと、「現代の社会問題」の記述になっている人もいます。論述文における「問題」とは、筆者が未解決ないし未決着の重要問題とみなし、自らそれに対する最良の「解答（ないし、解決策）」を提案しようとする問いのことですから、それに対して原理的にいくつかのパターンの解答（主張）が可能であるような「開かれた問い（疑問）」でなければなりません。その意味でも、「問い」は常に疑問文の形で考えてください。また、「社会が見るべきか」などと「答え」のキーワードを入れてしまうと、「はい」か「いいえ」だけの答えですんでしまい、「問い」としての価値（ないし「答え」の新鮮み）が乏しくなってしまいます。この場合には、「介護保険法」発足の前後にさまざまな立場から論じられた「これからの介護はどうあるべきか」という問題について、筆者が「その主たる担い手」という観点から自分の見解を述べようとした文章と受け止めることができますので、「介護の主たる担い手はだれであるべきか」という趣旨の「問い」と考えるのが適切です。

2. 「答え」はいつも、「社会が……」と「家族と社会の連携で……」の２つのタイプに分かれます。確かにどちらも本文中の大事な主張には違いないので

1　トレーニングⅠ　113

すが、筆者がこの文章で主としていいたかったことは、従来の家族中心の介護の問題点を指摘し、これからは社会システムを利用した介護に重点を移していくことが必要だということでしょう[11]。ですから、「社会が……」の方がこの文章の「答え」としては適切です。

3.「問題2」の「要旨」は、「問題1」で確認した内容を中心にその他の重要な語句をつけ加えながら書けばよいのですが、実際、多くの人がわかりやすい要旨を書けていますので、「問題1」のような形で「問い」、「答え」、「根拠」を確認しておくことの有効性が確認できると思われます。

4.「問題3」で「筆者とは異なる考え」を尋ねたのは、前述のように、論述というものは1つの問題をめぐっていくつかの異なる意見がある（少なくとも、筆者の意見が一般に認められているわけではない）状況の下で自分の考えを理解し納得してもらおうとする目的で行われるのが普通ですので、たとえ文章中に明記されていない場合であっても、「どのような異論を想定し、それに対してどのように反論しようとしているか」の把握が重要だからです。この場合は、（注11）に記したように、第3段落での、「家族による介護」を支持する主張とそれに対する筆者の反論を書けばよいわけです。

最後に、解答例を掲げておきます。
【問　題1】
〈問い〉（寝たきりになったお年寄りの）介護はだれが行うべきか

---

(11) 筆者は「社会が見るべきだ」と言い切っています。確かに、家族による介護の意義も認めており、また、家族と社会の連携の重要性も指摘しているのですが、それは、「今後の課題」として指摘しているのであり、主論点はやはり、「現在の時点で」どちらを重視すべきかということです。そのことは、「根拠」として挙げている事柄や言及の分量を比べてみても明らかです。また、「確かに、A。しかし、B」という構文は、自分の本来の主張とは異なる主張（例えば、世間の通念や相手の言い分＝A）をある程度は容認しながらも、やはり、自分の主張（＝B）の方が正しい（あるいは、重要だ）といいたいときの決まり文句ですので、こうした構文に注目することも文章読解の重要な手がかりになります。

〈答え〉　介護は社会の力で行うべきである
〈根拠〉　なぜなら、寝たきりになったお年寄りの介護は素人では困難である（a）のに対して、病院や施設ならばプロの介護が受けられる（b）から
〈根拠の根拠〉（上記、下線部の事柄の理由がこれにあたります）素人は介護の知識も技術も不十分であり、床ずれや関節炎などの合併症を起こしかねない（aの根拠）のに対して、プロは専門知識や技術を身につけている（bの根拠）から

【問題2】
寝たきりになったお年寄りの介護はだれが行うべきか。介護の知識も技術も不十分な素人では困難であるのに対して、病院や施設ならば「プロの介護」が受けられる。だから、介護は介護システムを利用し社会の力で行うべきである。ただし、プロに預けっぱなしにするのではなく、家族と社会の連携を図ることが今後の課題である。

【問題3】
第3段落「見知らぬ……幸せだ」という意見に対して、「しかし」以下で反論しているところ

2　トレーニングⅡ

次に、もう一つ、今度は少し長い文章に即して考えてみましょう。

〈資　料〉
現代社会では、個性をいかすことが大切だと言われますし、実際個性的だと言われる人がいろいろな分野で活躍したり人気を集めたりすることがよくあります。しかしそのせいか、自分はどこから見ても普通すぎて個性的ではないな

んて悩んだり、あえて人と違うことをして目立とうとする人もいるようです。つまり、個性とは人と違うことであり、また違うことに価値がある、というとらえ方をされる場合が多いような気がします。しかし、人と違っていればそれだけで値打ちがあるかというと、もちろんそんなことはありません。お笑いタレントなどが普通の人のやらないこと、例えば食べ物でふざけたり相棒をやたらにどついて受けをねらうようなことがありますけれども、こういうことは一時的に面白がられるとしても、賞賛ではなくむしろ批判されることになるでしょう。

　では、個性的であって世間からも認められるのはどんな場合なのか、野球選手の例を挙げて考えてみます。日本人選手がアメリカの大リーグで活躍するきっかけを作った野茂投手(12)や5年連続首位打者のイチロー選手は、独特の個性的なフォームで知られています。しかし彼らは最初からそのようなフォームだったわけではなく、それぞれピッチャーとしてあるいはバッターとして、少しでも速い球を投げたい、少しでも確実にヒットを打ちたいということでいろいろと工夫し試した結果、自分としてはこれが一番効果的だということに落ち着いたわけです。もし普通のフォーム、あるいは別のフォームの方がもっと効果的だという結論になっていたら、彼らはそのフォームを採用したはずです。彼らは人と違うこと自体を目指したのではなくて、むしろ速い球を投げるとかヒットをたくさん打つという、すべてのピッチャー、すべてのバッターに共通する願い、目標を持って工夫し努力した結果があのような形になったのだと言えます。そして、ほかの選手も同じ目標を持って努力し工夫しているわけですから、プロの選手のフォームはそれぞれ個性的ですし、野茂投手やイチロー選手ほど目立った特徴はなくとも、松坂投手や松井選手・高橋選手などのように、もっと速い球を投げたりもっと多くのホームランを打てる選手もいるわけです。

---

(12)　この講話は1999年5月に行われたものです。固有名詞や記録はあまり気にせずに、あるいはむしろ、現在のスター選手に置き換えて読んでください。

彼らはなぜ、一人一人違うフォームでありながらそれぞれ活躍し、野球ファンから高い評価を得ているのでしょうか。その理由として考えられるのは、まず第一に、選手の身体的特徴（体格だけでなく、筋肉の柔らかさ、反射神経や動体視力のよさなど、いろいろあると思います）がもともと違うので、訓練によって鍛えられる部分は鍛えながらも、それぞれ自分に与えられた条件の下で最善を尽くすほかないということです。第二に、彼らはそうしたなかで、すべての選手やファンが共有する価値、あるいは目標（つまり、ピッチャーあるいはバッターとして望ましい結果を出すこと）を追求し、実際に相当程度達成してみせているということです。第三に、しかも彼らは自分の特徴、持ち味を最も有効に活用する方法を見いだして、まさにその人でなければやれない、あるいは思いつかないようなやり方でそれをやってみせている、ということも挙げられると思います。

　私は、基本的に同じようなことは、ほかのスポーツでも、さらには学問、芸術、道徳など、人間にとって大切なあらゆる文化領域に関しても言えることだと思います。つまり、だれかが自分の特性、持ち味を最も有効に活用しつつすべての人に通じる普遍的な価値あるものを真剣に追求し、その人らしい仕方で見事に実現してみせるとき、その成果は個性的であるとともにだれからも賞賛されるものになるだろうということです。

　人間は、身体面から見ればだれでも最初から個性的です。まったく同じ指紋を持つ人がいないことはよく知られていますが、最近ではDNA鑑定などといって、個人の持っている遺伝子情報が一人一人異なることに注目した捜査もなされ、200年も前に亡くなったアメリカの元大統領と現存の女性との血縁関係をも明らかにできるほどになりました。ですから、身体的素質から言えば、人間はだれでも、隠したくても隠せないほど、他人とは区別される独特の個性を持っているわけです。さらに成長の過程で人が置かれる環境や教育、交際などの違いが加わって、興味・関心、得手・不得手、いろいろなことに対する感受性などの異なる多様な性格が形成されるわけですから、個性的でない人などい

るはずもありません。

　一方で、人間が追求したい価値とか達成したい目標、つまり皆がいいと思うものや欲しいものは、比較的共通しています。現代は価値観が多様化したと言われ、実際音楽やスポーツや食べ物の好みなどはまちまちですが、基本的な価値観、つまり何が真実で何が誤りなのか、何がよくて何が悪いのか、何が美しくて何が醜いのか、何が快適で何が不快なのかなどの判断には共通の部分が多いはずです。これは、同じ人間である以上当然のことですし、そうでなければ文化や社会が成り立ちません。人間にとって大切なもの、価値あるものは、その意味で相当程度普遍性がある、つまりたいていの人に当てはまるものだと言えます。

　ですから、人間にとって価値あるものを実現してみせる人が賞賛されるのは当然で、偉大な科学者や芸術家とは、こうした普遍的な真理や美の新たな一面をとらえて表現してみせた人だと思います。芸術作品には非常に風変わりなものもありますけれども、例えばピカソなどが今日高く評価されているのは、もとになる技術の確かさとともに、彼独自の工夫によって初めて表現され、あるいは感じ取られた大事なものがあるということが、広く認められるようになったためだろうと思います。科学理論の場合は逆に、一見個性とは関係なさそうですが、実際には実験を続けていればだれでも同じ理論を作れるというものではなく、科学者自身の問題意識や自然観などが大きな影響を与えますし、だれかが新しい考え方を提案してみせるまではその理論の素晴らしさにだれも気がつきません。そしていったん提出された理論も、ほかの科学者たちがそれぞれ自分なりの問題意識や解釈に照らして納得できて初めて一般に認められるわけですから、科学においても人間の主体的で個性的なかかわりは常に欠かせないものです。

　個性というと、とかく他人との違いの面だけが意識されがちですけれども、実際にはこのように人間性という大きな共通項のうえでの相違にすぎません。また、人間社会で価値があるとされるものは、生活を快適で豊かにしてくれる

もの、人間の考え方や感じ方を見事に表現してくれるものなど、たいていの人が共通して認める普遍的なものです。ですから、自分の個性を最もよくいかすのは、ただ単に人と違うことを目指したり、あるいは他人と無関係に「自分なりのやり方」で満足することではなくて、むしろそれぞれの分野で高く評価されているもののよさを感じ取りそれを手本としながら、自分にとって本当に大切だと思えるもの、納得できるものを少しでも実現しようとする姿勢を持ち続けることだろうと思います。個性的だと言われる芸術家たちも、共通の基本的な技術をしっかりマスターしその時代の支配的な主張を十分理解したうえで、自分にとって本当に大切なものを表現するために新たな方法を提唱しているはずで、単なる独りよがりでは多くの人の支持を得られるはずはありません。ですから私は、個性とは、単に人と違うことや自分の好きなようにやることではなく、むしろすべての人間に共通する大切な目的や価値を追求し実現するためのその人なりのやり方だと考えた方がいいような気がしています。

（内田詔夫『人間理解の基礎』晃洋書房より）

【問題1】
この文章における、主要な問い（問題）、答え（主張）、およびその根拠を示しなさい
〈問い〉
〈答え〉
〈根拠〉

【問題2】
この文章の要旨を300字以内で書きなさい

【問　題3】
この文章中で、「普遍（一般論）から特殊（具体例）へ」、および「特殊（具体例）から普遍（一般論）へ」と思考を展開している箇所を文頭の語およびその行番号で示しなさい
〈普遍から特殊へ〉
〈特殊から普遍へ〉

【問　題4】
この文章中で、「予想される異論」に対して反論を述べている箇所を文頭の語およびその行番号で示しなさい

　皆さんはそれぞれ解答を考えてみたでしょうか。この文章は私自身の本から取ったものですが、高校入試の問題として利用された（平成15年度、大阪府）ものですので、特にわかりにくいところはなかったと思います。ただしおそらく、内容的には聞いたり考えたりしたことがなかった事柄ではないでしょうか。あえてこの文章を資料とした理由の1つは、読者が自分では考えたこともないような内容や主張であっても、適切な根拠が示されそこから結論へと導く議論の展開が自然でわかりやすければ、読者は筆者の議論を十分に理解しその結論的主張に対しても一定の納得と共感をもちうる、ということの1つの例証になってくれればいいと思ったことです。これについては、「解答例」を先に示したうえで、学生の解答を読んで気がついた点や補足しておきたい点をいくつか指摘しておくことにします。

解 答 例

【問題1】
〈問い〉 個性的であって世間からも認められるのはどんな場合か
〈答え〉 自分の特性、持ち味を最も有効に活用しつつすべての人に通じる普遍的な価値あるものを真剣に追求し、見事に実現してみせる場合である
〈根拠〉 なぜなら、人間はだれもが個性的であらざるをえない一方で、人間にとって価値あるものは相当程度普遍的なものだから

【問題2】
個性とは人と違うことであり違うことに価値があるという捉え方が多いがそうではない。野茂やイチローが個性的なフォームだからではなく野球選手として期待される結果を出しているからこそ評価されているように、一般に、個性的であってしかも世間からも認められるのは、自分の特徴・持ち味を最も有効に活用しつつ普遍的な価値あるものを実現する場合である。なぜなら、人間はだれもが個性的であらざるをえない一方で、人間の目的や価値は相当程度普遍的なものだからである。だから、個性とはむしろ、すべての人間に共通する大切な目的や価値を追求し実現するためのその人なりのやり方だと考えた方がよいであろう。

【問題3】
〈普遍から特殊へ〉 12行目「では」
〈特殊から普遍へ〉 40行目「私は」

【問題4】
5行目「個性とは」以下の異論に対して、6行目「しかし」以下で反論

解説および補足

1.「問い」に関して

「個性とは何か」と書く人が結構多いのですが、これでは抽象的すぎて、どういう方向で「答え」を考えたらよいのか見当がつきません。確かに、この問いに対応する「答え」として、資料末尾の「個性とは、単に人と違うこと……ではなく、……すべての人間に共通する大切な目的や価値を追求し実現するためのその人なりのやり方である」を挙げることもできますが、この「答え」は「価値」や「個人差」について十分検討し論じた後に初めて得られるはずのものであり、いきなりこのような主張をしても説得力がありません。論述文の「問い」は、それに対する「答え方」がある程度想定できるように（ただし、考察内容にまで踏み込んで、単に「はい」とか「いいえ」で答えて終わり、とはならないように）、できるだけ限定的で具体的な方が望ましく、得られた「答え」の説得力も増します。「個性をいかすにはどうすればよいか」という問いであれば、確かにより限定的で具体的になりますが、これに対する答えも前述の検討結果を前提する点では同じことです。このように考えていくと、この文章の場合、「個性」を、「世間から認められる」ことや「価値」と関連づけて論じていることが明らかですので、「個性的であって世間からも認められるのはどんな場合か（あるいは、「世間からも評価されるような個性とはどのようなものか」）」という問いに思いいたるでしょう。

2.「答え」に関して

この論述の「根拠」として用いられている主な事実が、(a)「人間はそれぞれ違った特性＝個人差を持つこと」、および、(b)「人間が追求する価値は比較的共通で普遍性を持つこと」の２つであることは、それぞれをやや詳しく例証していることや説明に費やしている分量からも読み取れるでしょう。ところで、(a)、(b) 両者を合わせて考えると、「人と違っただけで価

値があることにはならない」とか「普遍的な価値はいろいろな個性を通じてしか実現されない」などの主張が導かれます。そしてそこから、それでは「個性的であって世間からも認められるのはどんな場合なのか」というような疑問（問い）が生まれることにもなるわけです。そうしてみると、文中でこれに直接対応する答えは、「自分の特性、持ち味を最も有効に活用しつつすべての人に通じる普遍的な価値あるものを真剣に追求し、見事に実現してみせる場合である」ということになります。その他の「答え（＝筆者の積極的な主張）」の候補としては、「個性とは、……すべての人間に共通する大切な目的や価値を追求し実現するためのその人なりのやり方である」とか「自分の個性を最もよくいかすのは、……それぞれの分野で高く評価されているもの……を手本としながら、自分にとって……納得できるものを……実現しようとする姿勢を持ち続けることである」も考えられ、実際にこれらを挙げる人も多いのですが、これらは先ほど述べたように、「個性的であって世間からも認められるのはどんな場合か」という問いに対する検討結果（＝答え）をふまえたうえで初めて出てくる主張ですから、「結論の言い換え」や「さらなる帰結、ないし教訓」として理解した方がよいでしょう。

3.「根拠」に関して

前述のように、「価値が普遍的であること」および「自分の特性を活用せざるをえない（個性的であらざるをえない）こと」の2つが考察の土台になっていますので、両方への言及が必要です。この場合、「人間はだれもが個性的であらざるをえない一方で、人間にとって価値あるものは相当程度普遍性があるから」というような解答が適切でしょう。

4.「普遍と特殊」に関して

問題3で、「普遍（一般論）から特殊（具体例）へ」、および「特殊（具体例）から普遍（一般論）へ」と思考を展開している箇所を尋ねたのは、多く

の論述や思考において、こうした議論の展開が重要な役割を果たすからです。なぜなら、単なる個人的な主張にとどまるのではなく、客観性があり関係者に広く承認してもらえるような議論を展開するためには、広く受け入れられている原則や理論、あるいは共通の目標といった「普遍的な」原理に言及し、それを適用したり、場合によってはそれらに疑問を投げかけて新たな原則や理論を提案する、などの形でそれらと関わらざるをえないからです。そして、こうした「普遍的原理（仮説）」の「適用」や「批判（反証）」、あるいは「提案」にさいしては、前にもみたように、普遍から特殊へと向かう「演繹」的な議論と特殊から普遍へと向かう「帰納」的な議論がともに関わらざるをえないからです。この文章の場合でいうと、12行目の「個性的であって世間からも認められるのはどんな場合なのか、野球選手の例を挙げて考えてみます」という文は、「人間一般について成り立つ条件を知るために、まず野球選手という（身近）特殊な例を挙げて考えてみる」という提案ですから、「普遍から特殊へ」の展開として捉えることができます。そして、40行目の「基本的に同じようなことは……あらゆる文化領域に関しても言えることだと思います」という文は、逆に、「野球選手という特殊な例について確認できた条件は、おそらく人間一般についても成り立つであろう」という趣旨の主張ですから、ここでは「特殊から普遍へ」と思考を展開しているものと捉えることができます。このように、「一般的（普遍的）に成り立つことはどんな特殊な事例についても成り立つはずだ」として一般論を身近な具体例に置き換えて説明したりテストをすることや、逆に特殊的・具体的事例に即して得られた知見から「一般的に成り立つ法則や教訓を発見ないし提案」しようとする思考は、議論を効果的で説得力のあるものにするために大切な役割を果たします。

5.「異論と反論」に関して

　問題4で、この文章が「どのような異論を想定しているか」を尋ねたの

は、前の資料の場合と同様の趣旨によるものです。この場合はそれほどはっきりした形で異論や反論が示されているわけではありませんが、5行目の「個性とは人と違うことであり、また違うことに価値がある、というとらえ方をされる場合が多い」は筆者が世間に広まっている通念として考察・批判の対象とした見解だといえます。そしてそれに対して、「人と違っていればそれだけで値打ちがあるかというと、もちろんそんなことはありません」と指摘し、その後の独自の考察につなげているわけです。

12 記号論理の基礎
──論理力トレーニングⅣ──

　論理力トレーニングⅠ～Ⅲではいくつかの重要な推論法則を具体例に即して確かめましたが、現代の論理学ではそこで用いられている「ならば」、「または」、「すべて」、「ある」等のことばも記号で表し一般化することによって、論理の仕組みをいっそう明らかにし、新たに多くの推論法則等を発見したり、厳密な証明を行うことも容易にできるようになりました。そこでここでは、そうした記号論理の基礎を学ぶことによって、論理力をいっそう高めることを目指したいと思います。

1 単純命題と複合命題

　記号論理においては、個々の命題だけでなく、「ならば」とか「または」のような、命題同士を結合することば（「**論理的結合子**」と呼ばれます）をも記号化することによって、思考の論理構造をはっきりさせようとします。論理的結合子としては、通常次の5つが用いられます（ただし、a、bを結合以前の「単純命題」とします）。

①〜a（否定。aでない）
②a・b（連言。aかつb）

③ a∨b（選言。aまたはb）
④ a→b（含意。aならばb）
⑤ a⇄b（等値。aならば、またそのときにかぎり、b）

　このように、論理的結合子はたった5個ですが、これらの記号（操作）を組み合わせたり繰り返し用いたりすることによって、いくらでも複雑な複合命題を形成することができます。そして、基礎となる単純命題とそれらの複合命題との真偽関係を正確に把握することは、日常の複雑な言明や理論の構造や妥当性を理解するうえでも大いに役立ちます。それでは、これらの複合命題の真偽はどのようにして決められるのかというと、すべての命題は真か偽かいずれかの値（これを「**真理値**」といいます）を取りますので、構成要素である単純命題の真偽に対応してその複合命題がそれぞれどんな場合に真または偽となるか（いかなる真理値をとるか）を一義的に示すことができれば、その結合子の働き（機能）を定義できることになるわけです。そのために、「真理表」と呼ばれる次のような表を書くことにします。

否定

a	～a
1	0
0	1

　　　連言　選言　含意　等値

a	b	a・b	a∨b	a→b	a⇄b
1	1	1	1	1	1
1	0	0	1	0	0
0	1	0	1	1	0
0	0	0	0	1	1

（ただし、いずれの場合も、1は真、0は偽を表すものとします）

2 若干の補足説明

　この定義は、構成要素となる単純命題を「否定」の場合はa、それ以外の場合はaおよびbとして、それらが真または偽の真理値を取った場合にそれぞれの複合命題がどんな真理値を取ることになるかを示したものです。そしてそれは、日常語の接続詞の「または」や「ならば」等の働きとよく似たものですが、異なる点もありますので、若干の補足説明をしておくことにします。

　否定命題（〜a）の真理値が、常にもとの命題（a）の反対になることは理解しやすいでしょう。この真理表は、「明日は雨が降る」、「路面は凍結している」など、任意の命題が真であれば、「明日は雨が降らない」、「路面は凍結していない」のようにそれを否定する命題は偽となり、逆に前者が偽であれば後者が真となることを示しています。

　連言以下は、2つの独立した命題を結合した複合命題ですから、単純命題の真理値の組み合わせは4とおりあり、それぞれの場合について真理値を決める必要があります。

　連言命題（a・b）の真理値は、表からわかるように、それぞれ単独の命題（aおよびb。この場合、「連言肢」とも呼ばれます）がどちらも真の場合のみ真となり、一方でも偽の場合は偽となります。これは、連言が、2つの主張内容（例えば、「明日は雨、風ともに強い」、「鉄は硬くて重い」など）がともに成り立つことを主張する複合命題だからです（日常的には、一方が真の場合「半分は当たり」といいたくなる場合もありますが、「正方形は等辺等角である」のような例では、一方の条件でも欠けた図形を「正方形」の仲間に入れられないことは明らかです。「連言」はこのように連言肢が両方とも真であることを要求することによって、日常語のあいまいさを排除しているともいえます）。

　選言命題（a∨b）の真理値は、結合される単純命題（aおよびb。「選言肢」とも呼ばれます）のどちらか一方でも真の場合に真となり、両方とも偽の場合のみ偽となります。日常的な「または」の用法では、「女性または中学生以下

は半額」とか「奨学金を受ける資格は収入が基準以下かまたは成績が基準以上であること」のように、2つの選言肢の両立を認める場合（「弱選言」と呼ばれることがあります）と「合格か不合格か」、「生か死か」、「ドリンクはコーヒーまたは紅茶のどちらかを選べます」のように両立しないことを前提する用法（「強選言」と呼ばれることがあります）があります。しかし両者に共通する積極的な主張は、少なくとも選言肢のどちらか一方は成立するという主張ですから、ここでもあいまいさを排除するために弱選言を基本としたのだと理解すればよいでしょう。

　含意命題（a→b）の真理値は、「→」の前の命題（前件）が真で後の命題（後件）が真のときは真、前件が真で後件が偽のときは偽ですが、前件が偽のときは後件の真偽にかかわらず真となります。これは、日常的な「ならば」の用法からすると、一見奇妙な感じをもつ人が多いでしょう。多くの場合、前件が偽のとき（つまり、条件が満たされない場合）のことは何ら主張していないように思われるからです[13]。しかし、前件が偽の場合も真理値を決めておかないと、いろいろな点で支障が出てきます。また、「aならばbである」というタイプの情報に基づいて、そこから明確に断定できること（ないし完全に排除できること）は何か、という内容面から考えてみると、この情報によって排除できるのは「aであってbでない」ケースだけであって、ほかの3つのケースについては存在の可能性が残されていることがわかります。例えば「彼が犯人であれば、彼はその店に立ち寄ったはずだ」という推定が正しいとすれば、確かに「彼が犯人であってその店に立ち寄らなかった」という可能性は排除されますが、「彼が犯人であってその店に立ち寄った」、「彼が犯人でなくてその店に立ち寄った」、「彼が犯人でなくてその店に立ち寄らなかった」の3つの命題は、

---

(13) 例えば「宝くじで100万円当たったら、車を買おう」と考える人は、当たらない場合にどうするかはおそらく考えていないでしょう。ただし、「もし君が僕を負かしたら、100万円あげるよ」というような、前件が偽であることを予想した用法も実際にしばしばみられます。

いずれも真の可能性があります。「A氏の証言が真実であれば、真犯人はB氏だ」という命題についても同様に考えてみることができます。含意の真理値はこうした事情をふまえて定められたのだと考えると理解しやすいでしょう。

等値命題（a⇄b）の真理値は、「⇄」の両側の命題の真理値が等しい場合（つまり、両方とも真、または両方とも偽の場合）に真、等しくない場合（一方が真で他方が偽の場合）に偽となります。これは、等値ということばからも理解しやすいでしょう。また、2つの命題が等値であることは、双方が互いに相手を含意する（a→b、かつb→a）ことでもありますが、この記号はそのことをわかりやすく表しています。

以上みてきたように、論理的結合子の機能は日常語（接続詞）の働きをもとにしながらもそれとは若干異なる一種の定義として理解すべきなのですが、こうした定義によって初めて命題相互の関係についての厳密で一義的な考察や操作が可能になるわけです。

❸ 真理表による分析

さて、真理表は各複合命題の真理値分析の手段としても利用することができます。2～3の例を挙げて実際にやってみましょう。ただしこれからは、具体的な主張内容をもった特定の命題としてではなく、一般化して、ある真理値をもった単純な命題とそれらの結合によって得られる複合命題との真理値の関係だけに注目して考察していきますので、いままで単純命題といってきたものを「命題変項」、複合命題といってきたものを「命題形式」、とそれぞれ言い換えることにします。

例1　～（a・～b）の真理値分析

この命題形式を構成する命題変項はaとbであり、その真理値の組み合わせは4とおりですから、この場合4段の真理表が必要です。最初に、分析す

べき命題形式「〜（a・〜b）」に含まれるaおよびbの文字の真下に、左欄の場合分けを示したaおよびbの真理値を各段ごとにそのまま転記します。次に、この命題形式の意味は、「aとbの否定とを連言したものをさらに否定する」ということですから、（a・〜b）の真理値を確定するために、まず〜bの真理値を求めます（表の下の「結合順」の1で示したように、各段において、当然bと反対の真理値となります）。そして、その結果を改めてaと連言によって結合すると（結合順2。つまり、各段ごとに連言の定義の表で両側の命題の真理値が現在考慮しているものと一致するところを探して、その結果を書き込むと）、各段における（a・〜b）の真理値が確定します。最後に、本来の目的である「〜（a・〜b）」の真理値を確定するために、さらにそれを否定します（結合順3。当然ながら、否定するわけですから、すべての段において2と反対の真理値になります）。そうするとその結果が、この命題形式の最終の値となるわけです。

〜（a・〜b）の真理値分析　　　　　　　　　含　意

	a	b	〜	（a	・	〜	b）		a	b	a→b
場合分け	1	1	**1**	1	*0*	*0*	1		1	1	1
	1	0	**0**	1	*1*	*1*	0		1	0	0
	0	1	**1**	0	*0*	*0*	1		0	1	1
	0	0	**1**	0	*0*	*1*	0		0	0	1

結合順→　3　　　　2　1

　　　　　　　　　　　　　　　　　　　　⇔

4　「〜（a・〜b）」と「a→b」は等値

　ところで、この分析結果を眺めていると、「〜（a・〜b）」は、含意の定義として書いた「a→b」とまったく同じ真理値をもつ（すべての段において真理

値が一致する）ことに気がつきます。日常的な言い方でも、「人間は死すべき存在である」と「人間であって死なないものはない」、「正方形であれば四辺が等しい」と「正方形であって四辺が等しくないものは存在しない」は等しい内容を表しますから、これは不思議なことではありません。こうしたことからも、含意の3段目と4段目（すなわち、前件aが0の場合）の真理値を、「1」と決めておくことが適切だという理由の一端がうかがえることと思います。

⑤ 他の例題

次に、例2として、(〜a→b) ⇄ (a∨〜b) の分析結果を掲げておきます。詳しい説明は省きますが、「まず、各段におけるaとbの値を転記する→『結合順』1では、aやbに否定がついていればその下の各段に反対の真理値を記入する→『結合順』2では、括弧内の式全体の値を確定するために左右の最新の値を見比べながら含意や選言の定義の表に照らして各段の値を決めていく→『結合順』3では、こうして得られた『⇄』の両側の最新の値を見比べながら等値の定義の表に照らして各段の値を決めていく」という順序で分析が行われていることを確かめてください。

(〜a→b) ⇄ (a∨〜b) の真理値分析

a	b	(〜	a	→	b)	⇄	(a	∨	〜	b)
1	1	0	1	1	1	1	1	1	0	1
1	0	0	1	1	0	1	1	1	1	0
0	1	1	0	1	1	0	0	0	0	1
0	0	1	0	0	0	0	0	1	1	0

結合順→　　1　　2　　　3　　　　2　1

3個以上の命題変項（a, b, c……）が含まれる命題形式の場合は、真理値の組み合わせ（場合分け）が多様になりますから、当然真理表の段数は増大することになりますが（3個なら8段、4個なら16段のように）、それ以外の点、つまり考え方ややり方はまったく同様です。例3として、〔(a∨b) →c〕→〔c∨（〜a・〜b）〕の真理値分析結果を掲げておきますから確認してください。

〔(a∨b) →c〕→〔c∨（〜a・〜b）〕

a	b	c	(a	∨	b)	→	c	→	c	∨	(〜	a	・	〜	b)
1	1	1	1	1	1	1	1	1	1	1	0	1	0	0	1
1	1	0	1	1	1	0	0	1	0	0	0	1	0	0	1
1	0	1	1	1	0	1	1	1	1	1	0	1	0	1	0
1	0	0	1	1	0	0	0	1	0	0	0	1	0	1	0
0	1	1	0	1	1	1	1	1	1	1	1	0	0	0	1
0	1	0	0	1	1	0	0	1	0	0	1	0	0	0	1
0	0	1	0	0	0	1	1	1	1	1	1	0	1	1	0
0	0	0	0	0	0	1	0	1	0	1	1	0	1	1	0
結合順→				1		2		4		3	1		2		1

【問　題】
(1)「女性または中学生以下は半額」という規定のもとで半額で入場できる人の番号に○をつけなさい
　〔1.女子中学生　2.女子大学生　3.男子中学生　4.男子大学生〕
(2)「この薬を飲めば熱が下がる」という命題が真であるとして、以下のケースのうち、ありえないものの番号に○をつけなさい

5　他の例題

［1．この薬を飲んで、熱が下がった　2．この薬を飲んで、熱が下がらなかった　3．この薬を飲まなくて、熱が下がった　4．この薬を飲まなくて、熱が下がらなかった］
（3）「（今度の日曜日に）天気がよければ動物園に連れて行こう」という約束をした場合、約束違反にならないものの番号に○をつけなさい
　　　［1．天気がよくて、動物園に連れて行った　2．天気がよくて、動物園に連れて行かなかった　3．天気が悪くて、動物園に連れて行った　4．天気が悪くて、動物園に連れて行かなかった］
（4）三角形が「二等辺」か否か、「二等角」か否かに関して、ありうるものの番号に○をつけなさい
　　　［1．二等辺かつ二等角である　2．二等辺だが二等角でない　3．二等辺でないが二等角である　4．二等辺でなく二等角でもない］
（5）真理表を書いて、次の命題形式の真理値分析をしなさい
　　　1．$(a \lor b) \cdot \sim (a \cdot b)$　　2．$[(a \lor b) \cdot a] \rightarrow \sim b$

6　命題形式の3つのタイプ

　このような分析を行っていくと、すべての命題形式は、最終的な真理値のあり方によって、3つのタイプに分けることができることがわかります。すなわち、最終結果がすべての段において、つまり命題変項の真理値のあらゆる組み合わせに対して真となる命題形式である「①恒真式（恒真命題　tautology　トートロジー）」、これとは対照的にすべての段、すべての組み合わせに対して偽となる命題形式である「②恒偽式（恒偽命題　contradiction）」、そしてそのどちらでもない、すなわちある場合には真、ある場合に偽となる命題形式である「③偶然式」の3種です。これらの違いの意味について考察することは、実は狭い意味での論理的思考だけでなく、人間の知識一般や行為の可能性等について考えるうえでも重要な手がかりを与えてくれるものです。それはともかくとして、まず恒

真式と恒偽式の例を一つずつ挙げてみましょう。

①恒真式 [(a∨b)・〜a]→b

a	b	[(a∨b)・〜a]→b
1	1	1 1 1 0 0 1 1 1
1	0	1 1 0 0 0 1 1 0
0	1	0 1 1 1 1 0 1 1
0	0	0 0 0 0 1 0 1 0

結合順→　　1　　2　1　　3

②恒偽式 [〜(a→b)]・(b∨〜a)

a	b	[〜(a→b)]・(b∨〜a)
1	1	0 1 1 1 0 1 1 0 1
1	0	1 1 0 0 0 0 0 0 1
0	1	0 0 1 1 0 1 1 1 0
0	0	0 0 1 0 0 0 1 1 0

結合順→　2　1　　3　2 1

　分析過程についての説明は省略しますが、結合順の最後のところをみると、確かに、①ではすべての段において「1」となり、②ではすべての段において「0」となっています。その意味では「偶然式」と比べて非常に特徴のある命題形式だといえます。ただし、それは決して例外的なものだというわけではありません。どのタイプの式も実例は無限にあります。また、分析過程を振り返れば明らかなように、恒真式を否定すると新たな恒偽式ができ、その逆も成り立ちます。そして、いずれも、きわめて単純な命題形式から非常に複雑な命題形式まで存在します。そこで、最も単純な命題形式をじっくりと眺め、またその具体的な適用例を考えてみることによって、それらがなぜ恒真式、あるいは恒偽式になるのか、また、恒真式、あるいは恒偽式とはどのような意味をもつ命題形式なのかということを考えてみましょう。それぞれのタイプの単純でわかりやすい例としては、（恒真式）a∨〜a、a→a、（恒偽式）a・〜a、（偶然式）a、〜a、a∨bなどを挙げることができますが、ここでは恒真式と恒偽式のそれぞれ一例についてだけ真理表による分析を示しておきます。

6　命題形式の3つのタイプ

例1　a∨〜a

a	a	∨	〜	a
1	1	**1**	0	1
0	0	**1**	1	0

結合順→　　2　1

例2　a・〜a

a	a	・	〜	a
1	1	**0**	0	1
0	0	**0**	1	0

結合順→　　2　1

7　恒真式は論理法則

　このように、すべての命題形式は3つのタイプに分けることができるのですが、このうち、**恒真式は論理法則**ともいえ、特に重要です。なぜなら、このタイプの式では変項であるaやbにどんな命題を代入しても必ず真なる命題（恒真命題）が得られるからです。例えば、例1「a∨〜a」のaに「明日は雨が降る」とか「彼はヒットを打つ」など任意の命題を代入してみれば、「明日は雨が降るか降らないかどちらかだ」とか「彼はヒットを打つか打たないかどちらかだ」のようになって、絶対外れること（誤りになること）のない命題が得られるわけです。しかし同時に、こうした命題は確かに真なる命題であるにしても、現実世界について何ら具体的な情報や知識をもたらす命題ではないこともわかります。なぜなら、「雨が降る」とか「ヒットを打つ」など一見天気や野球の話をしているようにみえても、実際にはどんな事態が起こっても成り立つのですから、天気や野球に関する新たな事実は何も教えてくれないからです。ですから、**恒真命題の「真」**とは、自然や社会という「現実」に関して正しい主張を行っているという意味の「真」とは区別すべきものであり、「ならば」とか「または」とか「でない」といったことばを用いて結合されたある種の複合命題がたまたまその結合の独特の形式ゆえにもつ特性として、いわば「形式的な」真として理解すべきものです。

このように、恒真式はそれ自体では何ら具体的な知識や情報をもたらすものではないのですが、そのパターンに従ってものを考えるかぎり必ず真なる結果をもたらすのですから、あらゆる分野、あらゆるテーマに関する思考において正しい思考を保証する枠組みを提供します。その意味で、ちょうど数学の公式（恒等式）に相当する役割を果たすものとして重要です。そこで、無数にある恒真式のうち、基本的で重要なものを少しだけ紹介し、いくつかのものには簡単なコメントないし適用例を付しておくことにします。これ以外に自分でもわかりやすい適用例を考えたり、実際に真理表を書いて、確かに恒真式になることを確認してもらえれば、効果的な論理力トレーニングになるはずです。

　　$a \rightleftarrows a$ または $a \rightarrow a$ 〔同一律〕
　　　ある命題が真であれば、同一文脈のもとでは常に真である
　　$\sim(a \cdot \sim a)$ 〔矛盾律〕
　　　任意の命題の肯定と否定がともに真であることはない
　　$a \vee \sim a$ 〔排中律〕
　　　任意の命題の肯定か否定か、いずれか一方は必ず真である

　以上３つの恒真式は、伝統的に「思考の原理」として特に重視されてきたものに相当し、今日でも、いろいろな学問においてしばしば言及されることがありますので、名称ごと覚えておいて損はありません。

　　$\sim(\sim a) \rightleftarrows a$ ［二重否定律］
　　$[(a \rightarrow b) \cdot (b \rightarrow c)] \rightarrow (a \rightarrow c)$ ［**推移律**］
　　　例「天気がよければ運動会があり、運動会があれば授業はないのならば、天気がよければ授業はない」
　　$(a \rightarrow b) \rightleftarrows (\sim b \rightarrow \sim a)$ ［**対偶律**］
　　　例「肺病ならば微熱がある」と「微熱がないならば肺病でない」は等値

[a・(b∨c)] ⇄ [(a・b) ∨ (a・c)] [**分配律**]

例「Aランチにはコーヒーか紅茶がつく」場合、「Aランチとコーヒー、またはAランチと紅茶」のどちらかの選択になる

[a ∨ (b・c)] ⇄ [(a∨b)・(a∨c)]　上の式の連言と選言をそっくり入れ替えた式で、これも [**分配律**]

[(a・b) → c] ⇄ [a → (b → c)] [**移出律**]

例「雨が降ってカサを持たないならば、ぬれる」と「雨が降れば、カサを持たないならばぬれる」は等値

～(a・b) ⇄ (～a ∨ ～b) ⎫
～(a ∨ b) ⇄ (～a・～b) ⎭ 〔**ド・モルガンの法則**〕

上の式の例「賃金が高く、しかも楽な職業はない」と「職業は、賃金が高くないか楽でないかどちらかだ」は等値

下の式の例「あなたは女性か中学生以下（半額条件）、に該当しない」と「あなたは女性でも中学生以下でもない」は等値

ド・モルガンの法則はこのままの形でもよく使われますが、次のように、変項の数をいくら増やしても成り立つので非常に有用な恒真式です

～(a・b・c・d) ⇄ (～a ∨ ～b ∨ ～c ∨ ～d)
～(a ∨ b ∨ c ∨ d) ⇄ (～a・～b・～c・～d)

❽ 推論の妥当性の証明

　さて、以上、一見推論法則とは関係のない考察ばかりしてきたように思われるかもしれませんが、実は妥当な推論形式（＝推論法則）と恒真式の間には密接な関係があり、推論法則の妥当性の証明には以上の考察が非常に役立ちます。なぜなら、**ある推論形式における前提すべてを連言した複合命題を前件とし結論を後件とする含意の命題形式を作った場合、それが恒真式であればその推論形式は妥当である**、という関係が常に成り立つからです。ですから、この関係を利

用すれば任意の推論形式の妥当性を判定することができます。2つの例で確認してみましょう。

例1 「a→b, ～b ∴～a（否定式）」
　　の妥当性の証明

a	b	[(a → b) ・ ～ b] → ～ a
1	1	1　1　1　*0*　*0*　1　**1**　0　1
1	0	1　0　0　*0*　1　0　**1**　0　1
0	1	0　1　1　*0*　*0*　1　**1**　1　0
0	0	0　1　0　*1*　1　0　**1**　1　0

結合順→　　　1　2　1　　3　1

例2 「a→b, ～a ∴～b」
　　の非妥当性の証明

a	b	[(a → b) ・ ～ a] → ～ b
1	1	1　1　1　*0*　*0*　1　**1**　0　1
1	0	1　0　0　*0*　*0*　1　**1**　1　0
0	1	0　1　1　*1*　1　0　**0**　0　1
0	0	0　1　0　*1*　1　0　**1**　1　0

結合順→　　　1　2　1　　3　1

　同じようなやり方で、前に具体例に基づいて確認した肯定式から両刀論法までの8個の「推論法則」は確かに妥当であることが証明できます。個々の証明は皆さんに任せることとして、それらの法則を論理的結合子を用いて表現したものを改めて掲げておきます。

　①a→b, a ∴b（肯定式）
　②a→b, ～b ∴～a（否定式）　⇒　［～a→b, ～b ∴a（背理法）］
　③a→b, b→c ∴a→c（仮言三段論法）
　④a∨b, ～a ∴b（選言三段論法）
　⑤(a→c)・(b→c), a∨b ∴c（単純構成的両刀論法）
　⑥(a→c)・(b→d), a∨b ∴c∨d（複雑構成的両刀論法）
　⑦(a→b)・(a→c), ～b∨～c ∴～a（単純破壊的両刀論法）
　⑧(a→c)・(b→d), ～c∨～d ∴～a∨～b（複雑破壊的両刀論法）

8　推論の妥当性の証明

《12の要点》 CHECK!
○論理的結合子を用いて記号化を徹底することによって、命題同士の関係や推論などの「論理の仕組み」をいっそう明瞭で正確に把握することができる
○「真理表」を書くことによって、任意の命題形式の真理値分析が可能である
○恒真式はそれ自体現実世界について何らかの情報を提供するものではないが、どんな分野のどんな内容の命題を代入しても真となるので、「論理法則」として重要である
○任意の推論形式の前提すべてを連言した命題形式を前件、結論を後件とする含意の命題形式が恒真式であれば、その推論形式は妥当な推論形式である

【問題】
真理表を書いて、次の推論形式が妥当か否かを判定しなさい
(1) 〜a → b, 〜b ∴ a (2) a ∨ b, a ∴ 〜b

あ と が き

　この本を書こうと思った直接の動機は、私自身が大学や看護学校で「論理学」や「論理的思考」の授業を担当しながら、適切な教科書がないことを痛感したことです。もちろん、世の中にはたくさんの論理学書が出回っており、教科書以外にも論理力を鍛えることをうたったトレーニング書や近年ビジネスの世界で注目されるようになった「ロジカル・シンキング」関連の本もあります。しかし、私見では、それらはすべて、もともと論理に対する関心や能力が高く、論理を学ぶことに積極的な意義をみいだし、動機づけや意欲を既にもっている人たちを念頭に置いているように思われます。また、「ロジカル・シンキング」関連の本は、自己啓発を意図するだけに大変わかりやすいものもあるのですが、やはりビジネスマンが相手だけに話題や内容も限定され、なかには論理学的にみて不正確な記述も見受けられます。このような状況のもとで、「論理学」を学ぶことに強い動機づけをもたない学生や、まして「必修科目」としていやおうなしに受講せざるをえない看護学生に対して、論理に興味をもたせ、またその意義や基礎を理解させるのに適した教科書は存在しないように思われました。ですから、そうした学生を相手とする授業で教科書として利用でき、またできれば同様の立場にある先生方にも利用していただけるような本を作りたいと思ったわけです。

　第2の理由は、上述の事情とも関連することですが、学生だけでなく、「論理の基礎を知り生活や職業にいかしたい」と願う一般の読者のためにも、もっと実生活上の諸課題との関連性や効用がはっきり読み取れるような論理学書があるべきだと思ったことです。「ロジカル・シンキング」関連の本は別として、

従来の論理学書の内容はあまりにも「厳密な論理」の範囲に限定され、実生活との関係が希薄であるように思われます（なかには、あえて関連づけようとあまり現実的でない例示や解説をすることによって、かえって論理学の有効性に疑問を抱かせる結果になっているものもあるように思われます）。もちろん、「論理的に真であること（100％確実なこと）」だけを述べようとすれば「明日は雨が降るか降らないかどちらかだ」というような「あたり前のこと」しかいえないように、論理は本来どんな特定の事実にも直接には関与しないのですから、「厳密にいえること」、すなわち命題同士の形式的な関係や妥当な推論形式、あるいは概念相互の関係といった、言語的ないし形式的な事柄が論理学の中心になるのは当然です。しかし、世間一般で、あるいは教育界やビジネス界で近年「論理的思考力」が重視されそのための教育の充実が求められているのは、必ずしもそうした狭い意味での論理力を期待してのことではなく（もちろん、そうした基礎的な論理力をしっかり身につけることが、効果的な応用、活用のためにも不可欠であることはいうまでもありませんが）、むしろ主として知識の獲得・改善と活用、直面する諸問題の解決、そして公的でやや専門的な文章の的確な読み書きといった、一般社会人・職業人が直面せざるをえない実践的な課題に対して、合理的で説得力のある思考や議論の展開によってうまく対応できる能力の開発と向上を期待してのことだろうと思われます。ですから、この本では可能なかぎりそうした話題や事例を取り入れ、「論理とは何か、何の役に立つのか」という一番の基礎から理解できるようなていねいな説明とともに、「論理の活用法」についても例示し示唆することを心がけました。

　普通の人が日常生活や職業生活を送るうえでも哲学や論理学を学びいかすことが重要であることはしばしば強調されることですが、哲学や論理学の方がそれに応えられていない実状もあり、現実には、それらは実生活には無用のものと考えている人が多いように思われます。私は以前、中学生を対象に行った哲学の授業を拡張発展させる形で、「普通の人間の、普通の人間による、普通の人間のための哲学」を念頭に置きながら、『人間理解の基礎——中学生の哲学——』

という本を書きましたが、この本は、大阪府（平成15年度）と神奈川県（平成18年度）の高校入試「国語」の資料として用いられるなどしました（それぞれに対応する原文は、本書の「論述文読み書きトレーニングⅡ」の資料と「（参考）科学は確実か」の文章です）ので、当初のねらいはある程度まで達成できたのかなと思っています。目の前にいる学生たちに何をどんなふうに伝えれば論理学の内容や意義を理解してもらえるのかと自問自答を繰り返し試行錯誤しながら作り上げてきた本書は、いわばその姉妹編ともいえるわけですが、前著と同様に、「普通の人の普通の生活のための論理学」の書として読まれ活用していただけるならば幸いだと思っています。

　最後になりましたが、本書の出版を快くお引き受けくださった北樹出版社長木村哲也氏、ならびに有益なご助言やさまざまなご配慮をしてくださった木村慎也氏に対して、この場を借りて厚くお礼申し上げます。

2012年3月

著　者

《著者紹介》

内田　詔夫（うちだ　のりお）

1942 年　福島県に生まれる
1968 年　東北大学大学院文学研究科博士課程（哲学専攻）中途退学
2008 年　福島大学定年退職、同名誉教授
　　　　（1997 年〜 2000 年　福島大学教育学部附属中学校長併任）
現在　　福島大学および看護学校などで非常勤講師
主な著訳書　『人間理解の基礎――中学生の哲学』（晃洋書房）
　　　　　　K.R. ポパー『開かれた社会とその敵』第一部および第二部
　　　　　　（いずれも小河原誠と共訳。未來社）

論理の基礎と活用──知識成長・問題解決・論述文読み書きのために

2012 年 4 月 20 日　初版第 1 刷発行
2023 年 4 月 10 日　初版第 6 刷発行

著　者　内田詔夫
発行者　木村慎也

・定価はカバーに表示

印刷　シナノ印刷／製本　川島製本所

発行所　株式会社 北樹出版
http://www.hokuju.jp
〒 153-0061　東京都目黒区中目黒 1-2-6
TEL：03-3715-1525（代表）　FAX：03-5720-1488

© Norio Uchida 2013, Printed in Japan　　ISBN 978-4-7793-0334-0

（乱丁・落丁の場合はお取り替えします）